1.001

MARAVILLAS DEL MUNDO

1.001

MARAVILLAS
DEL MUNDO

SERVILIBRO

Taj Mahal (Agra, India)

Presentación

Federico Mayor Zaragoza

Sólo una de las Siete Maravillas de la Antigüedad permanece en pie: la Pirámide de Keops (Guiza, Egipto). ¡2.300.000 bloques de piedras de más de dos toneladas, transportadas y dispuestas, con gran precisión *tecnológica*, en su lugar exacto! Se calcula que fue necesario el esfuerzo muscular de más de 100.000 esclavos –muy a su pesar–, durante veinte años. A ellos, verdaderos constructores, debemos rendir tributo.

En este libro se enumeran «1.001 maravillas», pero hay muchísimas más, millones tal vez. Obras de arte, del intelecto. Muestras asombrosas de la creatividad humana y precioso legado para las generaciones venideras. Son testimonio de la capacidad «milagrosa» del ser humano, incardinado en estructuras biológicas temporales, para alzar el vuelo en el espacio infinito del espíritu.

En todos los continentes, en sus costas, valles, cordilleras… allí donde hay o hubo pueblos, nos quedó el fruto de su ingenio y de sus destrezas. Arquitectos, escultores, pintores… desde siempre, moldeando la piedra, plasmando en sus lienzos una visión propia del mundo.

Para facilitar el conocimiento mundial de los «sitios culturales» más excepcionales y preservarlos, la UNESCO estableció el concepto de Patrimonio de la Humanidad. Al patrimonio cultural se añadió el natural y, más recientemente, el inmaterial. Maravillas del mundo, valiosa herencia.

Pero, sobre todo, cada ser humano es una maravilla… fugaz. Las obras permanecen y podemos restaurarlas, repararlas. La vida humana, no. Por eso, el valor de cada vida se acrecienta y cada instante se torna irrepetible. Las personas se van. Sus huellas quedan.

Federico Mayor Zaragoza
(Junio 2010)
Presidente de la Fundación Cultura de Paz
Ex Director General de la UNESCO (1987-1999)

Sumario

Palacio Real de Exposiciones, en Melbourne (Australia)

Monasterio de San Pablo, en el Monte Athos (Grecia)

La Alhambra de Granada (España)

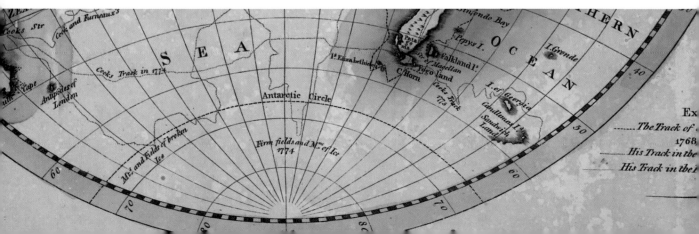

**Catedral de Colonia
(Alemania)**

**Musco del Hermitage, en
San Petersburgo (Rusia)**

**Capitolio de La Habana
(Cuba)**

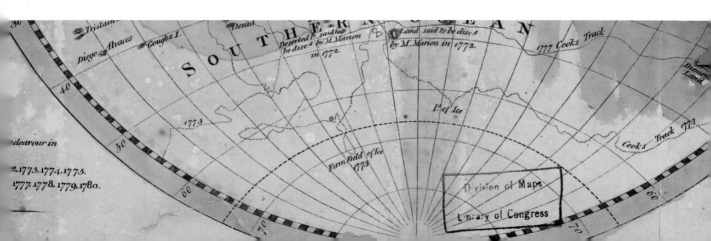

LAS SIETE MARAVILLAS DEL MUNDO ANTIGUO

DESDE LA ÉPOCA CLÁSICA,
EL SER HUMANO HA SENTIDO LA NECESIDAD DE
CLASIFICAR O CATALOGAR LAS «MARAVILLAS»
DE SU MUNDO. ESE ESFUERZO POR ENUMERAR
LOS ELEMENTOS MONUMENTALES, CULTURALES
O NATURALES QUE MERECEN SER CONSERVADOS
YA COMENZÓ HACE MÁS DE 2.000 AÑOS.
LA TRADICIÓN HELENÍSTICA ACUÑÓ ENTONCES
UNA LISTA DE SIETE MARAVILLAS, DE LAS
CUALES SÓLO LA GRAN PIRÁMIDE DE GUIZA
HA PERDURADO HASTA NUESTROS DÍAS.

IZQUIERDA: Restos de una columna del Templo de Artemisa
ARRIBA: Friso de la Tumba del rey Mausolo de Halicarnaso

LAS SIETE MARAVILLAS DEL MUNDO ANTIGUO.
REFERENCIAS Y ACLARACIONES

L A LISTA CLÁSICA DE LAS SIETE MARAVILLAS DEL MUNDO comprendía las obras arquitectónicas más colosales del mundo durante la Antigüedad, época en la cual no se disponía sino de la fuerza y el ingenio de los hombres para edificarlas.

Las referencias que han llegado hasta nuestros días de dicha lista no son escritas, aunque varios autores aluden a los textos de Calímaco de Cirene, Heródoto, Filón de Bizancio o Antípatro de Sidón. Este último alaba, en uno de sus poemas, las Siete Maravillas del Mundo, sobre las que dice: «He posado mis ojos sobre la muralla de la dulce Babilonia, que es una calzada para carruajes, y la estatua de Zeus de los alfeos, y los jardines colgantes, y el Coloso del Sol, y la enorme obra de las altas Pirámides, y la vasta tumba de Mausolo; pero cuando vi la casa de Artemisa, allí encaramada en las nubes, esos otros mármoles perdieron su brillo, y dije: "Excepto desde el Olimpo, el Sol nunca pareció jamás tan grande"».

Todas estas construcciones se ubicaban en el Mediterráneo, y los grecorromanos las admiraban como las máximas representaciones de la belleza arquitectónica de su tiempo. La lista sufrió cambios de un autor a otro hasta que, finalmente, quedó consolidada con siete edificaciones. Los jardines de Babilonia, por ejemplo, eran sustituidos, en alguna de las primeras listas, por las murallas de la misma ciudad. Asimismo, originalmente se mencionaba la Puerta de Istar, en Babilonia, en lugar del Faro de Alejandría, que fue incluido más tarde...

La nómina definitivamente adoptada por el mundo clásico quedó fijada así: el Templo de Artemisa, el Coloso de Rodas, los Jardines Colgantes de Babilonia, la Tumba del Rey Mausolo en Halicarnaso, el Faro de Alejandría, la Estatua de Zeus Olímpico en Atenas y las Pirámides de Egipto.

Al no disponer de referencias visuales de las maravillas clásicas, no sabemos a ciencia cierta cómo eran. El Coloso de Rodas, por ejemplo, aparece acuñado en monedas de la época, pero con unas proporciones que hacen pensar más en una exageración que en una representación realista... Se decía que los barcos pasaban entre sus piernas al entrar al puerto de Rodas.

Respecto a los Jardines de Babilonia, hoy se piensa que pudieron ser idealizados por los soldados alejandrinos, los cuales llegaron a las exuberantes riberas del Éufrates tras una extenuante y larga travesía por el Imperio Persa. Del Faro de Alejandría y de la Tumba del Rey Mausolo nos han llegado monedas y algunos dibujos, en tanto fue Plinio el Viejo quien se encargó de describir el Templo de Artemisa con gran admiración. De las siete maravillas, hoy en día no sobrevive más que una: el conjunto de la Gran Pirámide de Guiza.

DURANTE LA ANTIGÜEDAD CLÁSICA, LA LISTA SUFRIÓ CAMBIOS DE UN AUTOR A OTRO, HASTA QUEDAR DEFINITIVAMENTE FIJADA TAL COMO LA CONOCEMOS. EN ELLA SE INCLUYERON: EL TEMPLO DE ARTEMISA, EL COLOSO DE RODAS, LOS JARDINES COLGANTES DE BABILONIA, LA TUMBA DEL REY MAUSOLO EN HALICARNASO, EL FARO DE ALEJANDRÍA, LA ESTATUA DE ZEUS OLÍMPICO EN ATENAS Y LAS PIRÁMIDES DE EGIPTO. DE ESTAS SIETE MARAVILLAS, HOY EN DÍA SÓLO SOBREVIVE EL CONJUNTO DE LA GRAN PIRÁMIDE DE KEOPS, EN GUIZA

La Gran Pirámide de Guiza

ERIGIDA EN EGIPTO PARA ALBERGAR EL SEPULCRO del faraón Jufu (llamado Keops por Heródoto), ésta es la única de las Siete Maravillas que se mantiene en pie.

Su construcción fue terminada alrededor del año 2570 a. C. Cuenta Heródoto que, en cada pirámide, trabajaron unos cien mil hombres durante tres décadas, teniendo en cuenta que sólo se podía trabajar tres meses al año, debido a las crecidas del Nilo.

Las proporciones de la pirámide son impresionantes: cada lado mide 230 metros y se eleva unos 147 metros de altura... Es la mayor pirámide de Guiza.

Está construida con 2.300.000 bloques calcáreos, de pesos comprendidos entre 2,5 y 60 toneladas. Por ello, todavía hoy no se alcanza a entender cómo pudieron los egipcios trasladar dichos bloques desde las canteras de Asuán, a unos 1.000 kilómetros de distancia.

Cada una de las caras de la Pirámide de Keops se orienta a un punto cardinal con sorprendente precisión. La entrada es por la cara norte, al igual que en las otras dos famosas pirámides, dedicadas a los faraones Kefrén y Micerinos. Dentro, presenta varias cámaras distribuidas de forma atípica y conectadas por corredores. Además, hay unos conductos cuadrados en dos de sus cámaras (la del Rey y la de la Reina), cuya función aún no se ha explicado científicamente.

CADA UNA DE LAS CARAS DE LA PIRÁMIDE SE ORIENTA A UN PUNTO CARDINAL CON ASOMBROSA PRECISIÓN. LA ENTRADA ESTÁ POR EL LADO NORTE, IGUAL QUE EN KEFRÉN Y EN MICERINOS

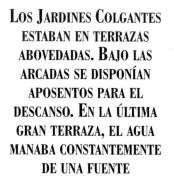

LOS JARDINES COLGANTES DE BABILONIA

FUE NABUCODONOSOR II, REY DE LOS CALDEOS, QUIEN LOS MANDÓ construir alrededor del año 600 a. C., como regalo a su esposa, Amytis, hija del rey de los Medos. Una leyenda los sitúa, sin embargo, en el siglo XI a. C., en la época de la reina asiria Shammuramat (Semíramis para los griegos), regente de su hijo Adadnirari III, quien traicionó a su madre y provocó su suicidio.

Los historiadores Estrabón y Diodoro Sículo se refirieron a estos jardines. El primero los describía: «Consta de terrazas abovedadas alzadas unas sobre otras, que descansan sobre pilares cúbicos. Éstas son ahuecadas y rellenadas con tierra para permitir la plantación de árboles de gran tamaño. Los pilares, las bóvedas, y las terrazas están construidas con ladrillo cocido y asfalto».

LOS JARDINES COLGANTES ESTABAN EN TERRAZAS ABOVEDADAS. BAJO LAS ARCADAS SE DISPONÍAN APOSENTOS PARA EL DESCANSO. EN LA ÚLTIMA GRAN TERRAZA, EL AGUA MANABA CONSTANTEMENTE DE UNA FUENTE

Los jardines se hallaban dispuestos en terrazas superpuestas y abovedadas. Debajo de las arcadas que sostenían las terrazas, se disponían aposentos dedicados al descanso y a la contemplación. Además, desde la última terraza manaba agua constantemente, para irrigar las exuberantes plantas y árboles que allí se cultivaban.

EL TEMPLO DE ARTEMISA

ESTA EDIFICACIÓN SE UBICABA EN ÉFESO, EN LA ACTUAL TURQUÍA. Estaba dedicada a la diosa Artemisa, hermana gemela de Apolo. Conocida por los romanos como Diana, esta deidad era identificada con la fertilidad, la caza y la guerra en la mitología griega. El templo fue construido, hacia el año 550 a. C., por los arquitectos Quersifronte, Metágenes, Deinocrates, Peonio, Demetrio y Teodoro. Según cuentan Plinio el Viejo y Marco Vitrubio, su construcción llevó de más de 120 años.

Fue destruido en el año 356 a. C. debido a un incendio intencionado. Lo provocó Eróstrato (o Heróstrato), un pastor que, bajo torturas, confesó que sólo perseguía la fama con tal acto. Alejandro Magno ordenó su reconstrucción, culminada tras su muerte en el año 323 a. C. Este nuevo templo sería destruido, de nuevo, por los godos, en el año 262 a. C. Posteriormente, la conversión al cristianismo de la población despojó de interés religioso al templo y fue saqueado. Sus materiales fueron así utilizados levantar otras construcciones. Investigadores del British Museum descubrieron sus restos en 1869.

Estatua del rey Mausolo

I

LA ESTATUA DE ZEUS

FUE ESCULPIDA POR FIDIAS EN OLIMPIA (ATENAS, GRECIA) EL 430 A. C. con oro, joyas y marfil. El gran escultor griego tardó más de un año en terminar su obra y ésta perduró unos mil años, hasta ser destruida por los terremotos del siglo VI d. C.

La importancia de la obra de Fidias es que fijó una forma convencional de representar al dios Zeus, ya que hasta entonces ésta dependía de la imaginación de cada artista. Evidentemente, los datos acerca de sus dimensiones son inciertos, dado que se basan en distintas fuentes clásicas no siempre coincidentes. No obstante, se suele aceptar que medía unos 12 metros de alto y ocupaba todo el ancho del pasillo que la albergaba, en el interior del templo dedicado al propio Zeus en Olimpia.

El geógrafo e historiador griego Pausanias la describió como una estatua criselefantina. Estas efigies, típicas de la Antigua Grecia, estaban modeladas con marfil, pan de oro y, a veces, con cristal y piedras preciosas. En este caso, según detalla la misma fuente, Zeus estaba esculpido sobre marfil y portaba sandalias de oro. El trono era de marfil, oro, ébano y piedras preciosas.

Existen también referencias a la Estatua de Zeus en monedas y medallas acuñadas durante la época de Adriano, en la ciudad de Elis, capital de Élide.

LA TUMBA DEL REY MAUSOLO

MAUSOLO FUE UN ARISTÓCRATA QUE, EN EL 377 A. C., HEREDÓ LA satrapía de Caria (el sátrapa era una especie de gobernador de provincia en los imperios medo y persa). Ubicada junto al también célebre anfiteatro, la tumba que se hizo construir fue uno de los edificios más importantes de Halicarnaso (actual Bodrum, en Turquía), donde había establecido su corte.

A su muerte, su mujer y hermana, Artemisia II de Caria, quedó enormemente afectada. Se dice que tomaba, diariamente, un puñado de las cenizas de Mausolo mezcladas con sus bebidas. Para demostrar su amor, Artemisia pidió a los oradores del momento que profirieran alabanzas a su marido y, a los grandes artistas griegos, que decoraran su sepulcro profusamente.

Dirigieron las obras del túmulo los arquitectos Sátiro y Piteos, y los escultores Escopas, Timoteo, Bryaxis y Leocares las finalizaron tras morir Artemisia. El sepulcro de Mausolo (de donde proviene el término «mausoleo») fue construido en mármol blanco. Según distintas fuentes, llegó a medir 50 metros de altura y daba cabida a más de 400 estatuas. Fue destruido por un terremoto en 1404. Hoy no quedan casi restos de la tumba, excepto la estatua superior y algún friso, que se conservan en el British Museum (Londres).

Restos del Templo de Zeus Olímpico en Atenas (Grecia)

EL COLOSO DE RODAS

EDIFICADO EN EL SIGLO VI A. C., SE ERIGIÓ EN HONOR AL DIOS HELIOS quien, según la mitología griega, desposó a la ninfa Rodo, hija de Poseidón, de quien tomó su nombre la isla de Rodas. Estratégicamente situada para el comercio entre Grecia, Egipto y el Asia Menor, esta ínsula fue asediada por el rey macedonio Demetrio Poliorcetes, que había sido general de Alejandro Magno y ansiaba reunificar su Imperio tras morir aquél. Rodas se defendió y, contra todo pronóstico, venció al guerrero. Para celebrar dicha victoria se erigió esta colosal estatua, cuya construcción comenzó en el 292 a. C. y duró doce años más. El escultor Cares de Lindos dirigió las obras, en las que se utilizó un armazón de hierro recubierto de placas de bronce.

El Coloso de Rodas se alzaba unos 32 metros, y pesaba aproximadamente 70 toneladas. Parece que se le dio la forma de un joven atlético, que bien podría ser Alejandro Magno, muy admirado en su época. Portaba una antorcha en una de sus manos y, sobre su cabeza, se dispuso una corona de rayos solares en honor a Helios. En el 223 a. C., un terremoto derribó la efigie, y los habitantes de Rodas, consultado el oráculo, decidieron dejar sus restos hundidos en el mar. Y allí siguieron hasta que, en el 654 d. C., invasores musulmanes se llevaron el bronce como botín.

EL FARO DE ALEJANDRÍA

PTOLOMEO II, SEGUNDO FARAÓN DE LA DINASTÍA PTOLEMAICA, QUE gobernó Egipto tras la muerte de Alejandro Magno, ordenó a Sóstrato de Cnido la construcción, en la isla de Pharos, de una torre en cuya cúspide una hoguera señalara a los navíos la posición de la ciudad.

La torre se erigió entre el 285 a. C. y el 247 a. C. Aunque los datos no son del todo fidedignos, según diversas fuentes, la torre alcanzó los 134 metros de altura. Para construirla, se empleó una base de bloques de vidrio, destinada a evitar la erosión del mar. Dichos bloques soportaban otros adicionales de mármol, ensamblados con plomo fundido. Su base inferior presentaba forma rectangular, y albergaba dependencias para los centinelas. La parte de en medio, octogonal, poseía escaleras interiores, y la parte superior, cilíndrica, tenía espejos metálicos que aumentaban y dirigían la luz.

Parece que, hacia el 795 d. C., el faro perdió su piso superior hasta que, en 1303 y en 1323, sendos terremotos dañaron gravemente su estructura y lo redujeron a ruinas. Como en otros ejemplos relacionados con maravillas de la Antigüedad clásica, el término griego «pharos» se extendió a otros idiomas, especialmente a las lenguas de origen latino, y llegó como nombre común a nuestros días.

Frisos pertenecientes a la Tumba de Mausolo en Halicarnaso, la mayor parte de los cuales se encuentran en el British Museum de Londres.
Para decorar el suntuoso mausoleo se contrató a los mejores artistas de la época. Parece documentado que llegó a albergar más de 400 estatuas. Muchas de ellas hacían referencia a las míticas amazonas.

[01]

[02]

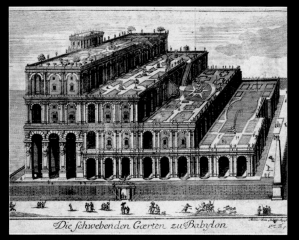

[05]

[06]

[09]

[10]

[01] y [02]. Antiguos dibujos del Faro de Alejandría. [03]. Grabado del siglo XIX sobre el Coloso de Rodas. [04]. Puerto de Rodas con las columnas que, se cree, soportaban el Coloso. [05]. Grabado que ilustra los Jardines Colgantes de Babilonia. [06]. Jardines de Babilonia en un dibujo del siglo XVI realizado por Martin Heemskerck. [07]. Reproducción del Templo de Artemisa en el Parque de las Miniaturas, en Estambul (Turquía). [08]. Restos del Templo de Artemisa en la actualidad. [09] y [10]. Restos del Templo de Zeus en Atenas (Grecia). [11]. Tetradracma de Mausolo. [12]. Aspecto actual de las ruinas de la Tumba de Mausolo en Halicarnaso.

[03]

[04]

[07]

[08]

[11]

[12]

Stonehenge

EL MONUMENTO MEGALÍTICO DE STONEHENGE, EN AMESBURY (REINO UNIDO), NO SE CUENTA ENTRE LAS SIETE
MARAVILLAS DE LA ANTIGÜEDAD; SIN EMBARGO, SE REMONTA A TIEMPOS MUCHO MÁS REMOTOS. LO MISMO PASA
CON OTRAS MARAVILLAS RECOPILADAS EN ESTE LIBRO. POR ESTA RAZÓN, ALGUNOS HISTORIADORES HAN
PRETENDIDO REFORMULAR EL CONCEPTO DE «MARAVILLAS DE LA ANTIGÜEDAD» Y DENOMINAR A LAS QUE

LA UNESCO Y LAS MARAVILLAS DEL MUNDO

LA UNESCO ES LA ORGANIZACIÓN
PARA LA EDUCACIÓN, LA CIENCIA Y LA
CULTURA DE LAS NACIONES UNIDAS. DESDE
1972, SU COMITÉ DEL PATRIMONIO MUNDIAL
HA PROMOVIDO UNA LISTA, CUYO FIN ÚLTIMO ES
IDENTIFICAR, CATALOGAR, PRESERVAR Y DAR A
CONOCER LUGARES DE GRAN IMPORTANCIA
CULTURAL O NATURAL, PARA ASÍ PROTEGER
DICHA HERENCIA COMO PATRIMONIO DE LA
HUMANIDAD. SI EN LA ANTIGÜEDAD CLÁSICA SE
ELABORÓ LA LISTA DE LAS SIETE MARAVILLAS,
LA LISTA DE MARAVILLAS DE NUESTRO TIEMPO
INCLUÍA, EN EL AÑO 2009, UN TOTAL DE
890 LUGARES.

¿QUÉ ES EL PATRIMONIO?

ETIMOLÓGICAMENTE, ESTÁ DEFINIDO como el conjunto de bienes heredados del padre o, por extensión, de la familia. Esta noción apareció ya a lo largo del siglo XII.

En el contexto que nos atañe, lo entenderíamos como una herencia del pasado, que se disfruta en el presente y que debemos transmitir intacta o aumentada a las generaciones futuras.

Todos los países del mundo albergan sitios y monumentos de gran interés, bien a escala local, bien a escala nacional. Para que este «patrimonio nacional» pueda ser considerado como de interés mundial, debe ser el Comité del Patrimonio Mundial de la UNESCO quien reconozca su «valor universal excepcional».

Uno de los mandatos de la UNESCO (Organización de las Naciones Unidas para la Educación, la Ciencia y la Cultura, fundada en 1945) consiste en prestar una atención particular a las nuevas amenazas globales que pueden afectar al patrimonio natural y cultural y velar por que la conservación de los sitios y de los monumentos contribuya a la cohesión social. Esta declaración de un bien cultural como patrimonio de la humanidad supone un privilegio para el pro-

EN NUESTRO CONTEXTO, EL PATRIMONIO REPRESENTA UNA HERENCIA DEL PASADO, QUE SE DISFRUTA EN EL PRESENTE Y QUE DEBEMOS TRANSMITIR INTACTA O AUMENTADA A LAS FUTURAS GENERACIONES

pio país, para sus responsables políticos y culturales, y para la propia ciudadanía del lugar. Sin embargo, a la vez, conlleva la gran responsabilidad de conservar, proteger y profundizar en el estudio del citado bien.

Sólo así dicho patrimonio nacional pasará a formar parte de la memoria colectiva global de la humanidad, y podrá colaborar en la educación integral de otras personas, otros pueblos y otras culturas. Por tanto, cada sitio reconocido como Patrimonio de la Humanidad pertenece al país donde se halla, pero es considerado de interés por la comunidad internacional, que ayudará también a su protección y conservación.

Desde 1972, un total de 184 países han ratificado esta lista. En el año 2009, la nómina incluía 890 lugares –689 culturales, 176 naturales y 25 mixtos– repartidos entre 148 países. La UNESCO se refiere a cada sitio incluido como Patrimonio de la Humanidad con un número de identificación único pero, como las inscripciones nuevas incluyen frecuentemente la ampliación de lugares anteriores, hoy día hay enumerados más de 1.200. En realidad, son muchos menos los catalogados como patrimonio mundial.

Oporto (Portugal), la ciudad de los puentes. Su centro histórico fue declarado Patrimonio de la Humanidad en 1996

EL COMITÉ DEL PATRIMONIO MUNDIAL

FORMADO POR 21 ESTADOS, EL COMITÉ DEL PATRIMONIO MUNDIAL es quien elabora las instrucciones y regula los trámites para inscribir un bien cultural o natural en el listado del Patrimonio Mundial. Para llevar a cabo esta tarea, se encuentra asesorado por varios organismos independientes, entre los que destacamos el Centro Internacional para el Estudio de la Preservación y Restauración de los Bienes Culturales (ICCROM), el Consejo Internacional de Monumentos y Sitios (ICOMOS) y la Unión Internacional para la Conservación de la Naturaleza (IUCN). El comité alienta a los estados a que definan los lugares de valor universal excepcional, para poder incluirlos en la lista del patrimonio mundial. Además, vela por la conservación de los lugares inscritos en la lista, y se anticipa a los riesgos avisando a los estados para que creen sus propios programas de preservación. También les ayuda a desarrollar mecanismos que salvaguarden dichos lugares declarados como patrimonio universal, y a materializarlos con ayuda del Fondo Mundial. Por fin, presta ayuda de emergencia para la protección de los lugares en riesgo inminente de destrucción y promueve la conservación del patrimonio cultural y natural.

La idea de crear un movimiento internacional para proteger el patrimonio de la humanidad surgió tras la Primera Guerra Mundial. En 1922, el Consejo de la Sociedad de Naciones nombró una Comisión Internacional de Cooperación Intelectual, presidida por el filósofo Henri Bergson. Años más tarde, se crearía el Instituto Internacional de Cooperación Intelectual, con sede en París. Ése fue el antecesor directo de lo que, hoy en día, es la UNESCO. De hecho, al disolverse, finalizada la Segunda Guerra Mundial, este instituto cedió sus archivos a la UNESCO.

**Relieve romano de una ménade bailando.
Museo del Prado, Madrid (España)**

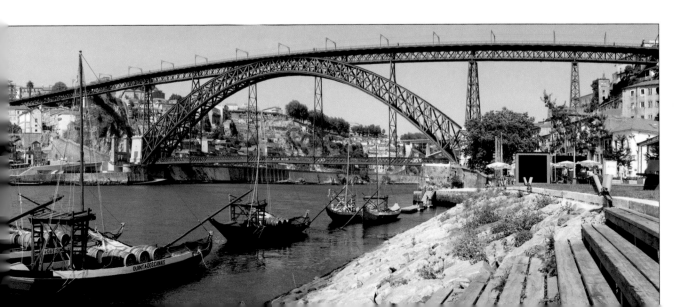

Los Inicios de la UNESCO

En el año 1959, el gobierno de Egipto decidió construir la presa de Asuán. Esta decisión conllevaba la inundación del valle, que era depósito de piezas de gran valor arqueológico en Nubia (por ejemplo, los templos de Abu Simbel). Ante tal amenaza, la UNESCO desarrolló una campaña internacional de protección, que puso de manifiesto la conmoción general de la comunidad internacional ante la posibilidad de perder estos tesoros de la civilización egipcia. De esta manera, los templos de Abu Simbel y de File fueron erigidos de nuevo, pieza por pieza, pero en un lugar más elevado.

Llevar a cabo tan ingente proyecto costó alrededor de 80 millones de dólares, de los que aproximadamente la mitad provenían de un fondo financiado por 50 países. Este gran desembolso económico dejó claro el interés internacional por compartir responsabilidades y la toma de conciencia de los estados acerca de la conservación de lugares culturales de importancia sobresaliente.

Tras el éxito de esta campaña de protección, se llevaron a cabo nuevas campañas para salvaguardar otras maravillas en peligro: la ciudad de Venecia y su laguna; las ruinas de Mohenjo-Daro, en Pakistán; o el templo Borobudur, en Indonesia. Así comenzó la andadura de una convención cuyo firme propósito es proteger el patrimonio cultural común de la humanidad.

El Concepto de Patrimonio Evoluciona

Con el paso del tiempo, también evolucionó el concepto de «patrimonio» y, de hecho, los Estados Unidos sugirieron la idea de incluir, también, lugares que merecieran una conservación natural. Esta propuesta fue asumida en el transcurso de una conferencia, celebrada en 1965, en la que se pidió literalmente «preservar las áreas naturales y los sitios históricos del mundo para el presente y futuro de toda la Humanidad».

Durante 1968, la Unión Internacional para la Conservación de la Naturaleza (IUCN) realizó, asimismo, propuestas de la misma índole que fueron presentadas en 1972 en Estocolmo, durante la celebración de una conferencia de la ONU. Ese mismo año todas las partes aprobaron la Convención sobre la Protección del Patrimonio Mundial Cultural y Natural, y la Conferencia General de la UNESCO la adoptó durante su XVII Reunión, llevada a cabo en París el 16 de noviembre de 1972.

El Comité del Patrimonio de la Humanidad se reúne varias veces al año para poner en común medidas de preservación de los sitios ya considerados como Patrimonio de la Humanidad. Al mismo tiempo, el comité acepta entonces las candidaturas nacionales para incorporar nuevos lugares a la lista de la UNESCO. En el transcurso de una de estas sesiones, denominada Sesión del Comité del Patrimonio de la Humanidad, se lleva a cabo la inscripción oficial.

PUEBLO DE TAOS, EN NUEVO MÉXICO (EE UU)

LOS CRITERIOS DE SELECCIÓN DE LA UNESCO

PARA FIGURAR EN LA LISTA DE LA UNESCO sobre patrimonio mundial, un lugar tiene que revestir un valor universal excepcional y satisfacer, al menos, uno de los diez criterios de selección.

Estos criterios son regularmente revisados por el Comité de la UNESCO y evolucionan del mismo modo que evoluciona, como dijimos, el concepto de «patrimonio». Actualmente, existe un conjunto único de diez criterios. Son los siguientes:

[01] Representar una obra maestra del genio creativo humano.

[02] Testimoniar un importante intercambio de valores humanos a lo largo de un periodo de tiempo, o dentro de un área cultural del mundo, en el desarrollo de la arquitectura o de la tecnología, las artes monumentales, el urbanismo o el diseño paisajístico.

[03] Aportar un testimonio único o, al menos, excepcional, de una tradición cultural o de una civilización existente o desaparecida.

[04] Ofrecer un ejemplo eminente de un tipo de edificio, conjunto arquitectónico o tecnológico, o paisaje, que ilustre una etapa significativa de la historia humana.

[05] Ser un ejemplo eminente de una tradición de asentamiento humano, utilización del mar o de la tierra, que sea representativa de una cultura (o culturas), o de la interacción humana con el medio ambiente, especialmente cuando éste se vuelva vulnerable frente al impacto de cambios irreversibles.

[06] Estar directa o tangiblemente asociado con eventos o tradiciones vivas, con ideas, o con creencias, con trabajos artísticos y literarios de destacada significación universal. (El comité considera que este criterio debe estar preferentemente acompañado de otros criterios).

[07] Contener fenómenos naturales superlativos o áreas de excepcional belleza natural e importancia estética.

[08] Ser uno de los ejemplos representativos de importantes etapas de la historia de la tierra, incluyendo testimonios de la vida, procesos geológicos creadores de formas geológicas o características geomórficas o fisiográficas significativas.

[09] Ser uno de los ejemplos eminentes de procesos ecológicos y biológicos en el curso de la evolución de los ecosistemas.

[10] Contener los hábitats naturales más representativos y más importantes para la conservación de la biodiversidad, entre los que se incluyen aquéllos que contienen especies amenazadas de destacado valor universal, desde el punto de vista de la ciencia y el conservacionismo.

Desde 1992, las interacciones entre los hombres y el medio natural son reconocidas como parte de los paisajes culturales. El artículo 1 de la Convención sobre la Protección del Patrimonio Mundial, Cultural y Natural considera como patrimonio cultural:

«Los monumentos: obras arquitectónicas, de escultura o de pintura monumentales, elementos o estructuras de carácter arqueológico, inscripciones, cavernas y grupos de elementos, que tengan un valor universal excepcional, desde el punto de vista de la historia, del arte o de la ciencia. Los conjuntos: grupos de construcciones, aisladas o reunidas, cuya arquitectura, unidad e integración en el paisaje les confiera un valor universal excepcional, desde el punto de vista de la historia, del arte o de la ciencia. Los lugares: obras del hombre u obras conjuntas del hombre y la naturaleza, incluidos los lugares arqueológicos que tengan un valor universal excepcional desde el punto de vista histórico, estético, etnológico o antropológico».

El artículo 2, referido al patrimonio natural, cita: «Los monumentos naturales constituidos por formaciones físicas y biológicas, o por grupos de esas formaciones, que tengan un valor universal excepcional, desde el punto de vista estético o científico.

Las formaciones, geológicas y fisiográficas, y las zonas estrictamente delimitadas que constituyan el hábitat de especies animales o vegetales amenazadas, de valor universal excepcional, desde el punto de vista estético o científico. Los lugares o zonas naturales estrictamente delimitados, de valor universal excepcional desde el punto de vista de la ciencia, de la conservación o de la belleza natural».

Finalmente, hay que destacar que, en 2003, la UNESCO adoptó una Convención para la Protección del Patrimonio Inmaterial de la Humanidad. La entidad lo definió entonces como «el crisol de nuestra diversidad cultural y su conservación, una garantía de creatividad permanente». Este patrimonio se manifiesta en tradiciones y expresiones orales (entendiendo el idioma como vehículo del patrimonio cultural inmaterial); artes del espectáculo (música tradicional, danza y teatro); usos sociales, rituales y festivos; conocimientos y usos relacionados con la naturaleza y el universo; y en las técnicas artesanales tradicionales.

MARAVILLAS SINGULARES DEL MUNDO

EN ESTE LIBRO, HEMOS CATALOGADO
UN GRAN NÚMERO DE MONUMENTOS, ESPACIOS
NATURALES O HERENCIAS CULTURALES, DIGNAS
DE SER CONSIDERADAS MARAVILLAS DEL MUNDO.
SIN EMBARGO, HEMOS PREFERIDO DESTACAR
ALGUNAS DE ELLAS POR ENCIMA DE LAS DEMÁS.
NO SÓLO POR SU IMPORTANCIA, SINO A MODO
DE RECORRIDO A LO LARGO DEL PLANETA QUE
NOS HAGA CONSCIENTES DE SU RIQUEZA
Y SU DIVERSIDAD.

IZQUIERDA: TORRE EIFFEL AL ATARDECER EN PARÍS (FRANCIA)
ARRIBA: MOSAICO EN UNA CAPILLA DE LA CATEDRAL DE WESTMINSTER, EN LONDRES (REINO UNIDO)

Catedral de Aquisgrán

Lugar: Aquisgrán (Aachen)
País: Alemania

ES POSIBLEMENTE LA CATEDRAL DEL NORTE DE EUROPA de la que se tiene una referencia más antigua. Fue el emperador Carlomagno quien, en el siglo VIII, erigió una iglesia en su palacio de invierno que, en aquel tiempo, era el edificio más alto y relevante de la zona.

El arquitecto fue Eudes de Metz, junto a numerosos artesanos italianos y del Imperio bizantino. Su planta es octogonal y está coronada por una cúpula. Destaca por su bella ornamentación con mármoles, bronces, mosaicos, estatuas y columnas, que el emperador mandó traer de otras capitales imperiales como Roma y Rávena. De hecho, Carlomagno se inspiró en la iglesia San Vital de Rávena, que conocía y admiraba. Considerado como el principal monumento del arte carolingio, el propio Carlomagno fue enterrado en este templo. Con el correr del tiempo, el edificio fue ampliándose con nuevas construcciones hasta formar el gran conjunto que hoy conocemos y que, lógicamente, combina muchos estilos arquitectónicos (sobre todo, clásico, bizantino y francogermánico). Los emperadores del Sacro Imperio Romano Germánico fueron coronados en esta catedral hasta el siglo XVI.

La Bauhaus y sus sitios en Weimar y Dessau

Lugar: Weimar y Dessau
País: Alemania

ENTRE 1919 Y 1933, LA ESCUELA BAUHAUS, que tuvo primero su sede en Weimar y luego en Dessau, revolucionaron los conceptos y prácticas arquitectónicas y estéticas. Los edificios construidos y decorados por algunos de sus profesores (Walter Gropius, Hannes Meyer, Lazlo Moholy-Nagy y Wassily Kandinsky) dieron paso a un movimiento moderno que marcó gran parte de la arquitectura del siglo XX.

«La forma sigue a la función». Esa era la premisa de esta corriente arquitectónica y estética, cuyos principios definió Walter Gropius en su fundación: «La recuperación de los métodos artesanales en la actividad constructiva, elevar la potencia artesana al mismo nivel que las Bellas Artes e intentar comercializar productos que, integrados en la producción industrial, se convertirían en objetos de consumo asequibles para el gran público».. Seguramente, el edificio más característico de la escuela sea su sede en Dessau que, diseñado por el propio Gropius, constituye un ejemplo maestro del racionalismo. Curiosamente, se suele describir a la Bauhaus como una arquitectura de origen grecolatino, pero de formas simétricas, casi matemáticas. Se definen tres épocas en su desarrollo: la primera corresponde a su fundación (1919-1923); la segunda asiste a la aparición del estilo denominado la «nueva objetividad» (1923-1925); y la tercera coincide con la extensión de las ideas comunistas, lo que provoca que el partido nazi decida cerrar la escuela.

Las obras vinculadas a la Bauhaus en Weimar y Dessau figuran en la lista del Patrimonio de la Humanidad desde 1996.

ARRIBA: SEDE CENTRAL Y CASAS DE LOS MAESTROS EN DESSAU

ABAJO: BAUHAUS EN DESSAU (DISEÑO DE WALTER GROPIUS)

Catedral de Colonia

Lugar: Colonia
País: Alemania

SU CONSTRUCCIÓN SE REMONTA AL SIGLO XIII, aunque no se finalizó hasta el siglo XIX. El estilo dominante es neogótico. La propia UNESCO reconocía en su declaración, de 1996, que la Catedral de Colonia era un polo de concentración de la fe cristiana en Europa. Su altura es digna de mención, pues alcanza los 157 metros y, durante mucho tiempo, fue el edificio más alto del mundo. Es, posiblemente, el monumento que mayor número de visitantes recibe anualmente en Alemania. Después de la Catedral de Sevilla, es la mayor del mundo en estilo gótico. No sólo es destacable su arquitectura, sino también las numerosas obras de arte que alberga en su interior. Una de las más singulares es el denominado Relicario de los Tres Reyes Magos, un sarcófago triple y dorado que, según dicta la tradición religiosa, contiene los huesos de dichos personajes. Son joyas igualmente reseñables sus doce campanas, el órgano, sus muchas pinturas y vidrieras.

Ciudad romana de Timgad

Lugar: Cerca de la ciudad de Batna
País: Argelia

En el norte de África, el Imperio romano dispuso distintos asentamientos de importancia y el de Timgad fue de los de mayor esplendor. Lo fundó el emperador Trajano en el año 100 d. C., como lugar seguro para los soldados veteranos que luchaban contra los bereberes. Dos siglos más tarde, Timgad se convirtió en un núcleo urbano, fundamentalmente cristiano, hasta que la ciudad fue arrasada por los vándalos en el siglo v. En la actualidad sigue apreciándose, como uno de sus mayores valores, su urbanismo. Es un perfecto ejemplo de construcción urbana geométrica, de trazado ortogonal alrededor de las vías principales.

Catedral de Colonia (Alemania)

VISTA AL ANOCHECER DE LA CATEDRAL DE COLONIA
DESDE EL PUENTE HOHENZOLLERN

Parque Nacional de Iguazú

Lugar: provincia de Misiones
País: Argentina

IGUAZÚ SE CONSOLIDÓ COMO PARQUE NACIONAL en 1934. El objetivo principal de esta clasificación era conservar la biodiversidad de la región y, especialmente, las cataratas del río Iguazú. Este grandioso accidente geográfico hace de frontera entre Argentina y Brasil. El río Iguazú se precipita allí en múltiples cascadas, que crean densas pantallas de bruma.

Si bien es cierto que el espectáculo de las aguas es la imagen más conocida del parque, la verdad es que la riqueza natural de la selva subtropical que rodea el paraje resulta asombrosa. Fauna y flora constituyen, de hecho, su mayor valor, gracias a su pronta protección en la primera parte del siglo XX.

Con todo, en la región siguen existiendo varias especies animales en peligro de extinción, tales como el tapir, el ocelote, el yaguareté o el yacaré.

Ópera de Sydney

Lugar: Sydney
País: Australia

EN 1957, UN JURADO DE CARÁCTER INTERNACIONAL adjudicó al arquitecto danés Jørn Utzon el proyecto de erigir la Ópera de Sidney. Aunque, finalmente, el edificio no se inauguró hasta 1973, pronto se constituyó en un hito para la historia de la arquitectura, como una de las obras más importantes del pasado siglo XX.

Ubicada en un paisaje marítimo sin parangón, esta enorme «escultura urbana» –como ha sido llamada– ha tenido una influencia enorme en los diseños de los grandes arquitectos de finales del siglo XX y principios del siglo XXI. Fue declarada Patrimonio de la Humanidad por la UNESCO en 2007.

Palacio y jardines de Schönbrunn

Lugar: Viena
País: Austria

EL PALACIO DE SCHÖNBRUNN, EN VIENA, fue la residencia oficial de los Habsburgo desde el siglo XVIII hasta 1918. Su origen se remonta a 1559, cuando Maximiliano II se hizo construir un pequeño palacio de caza.

Destruido en 1683 durante el asedio turco de Viena, el rey Leopoldo I encargó a los arquitectos Johann Bernhard Fischer von Erlach y Nicola Pacassi levantar un edificio destinado, en principio, al hijo del futuro emperador, José I. Sin embargo, no fue hasta el reinado de María Teresa, nieta de Leopoldo I, cuando este edificio se convirtió en residencia veraniega de los Habsburgo. De esta época llama la atención la decoración interior de estilo rococó austriaco, a cargo de Pacassi. Entre 1817 y 1819, es el arquitecto Johann Aman quien asume la remodelación de la fachada de Schönbrunn y, en esa época, se impone el color amarillo típico de los edificios oficiales de la monarquía habsburga.

El interior del palacio es suntuoso, con las habitaciones forradas de madera y adornos persas. Se dice que María Teresa empleaba el famoso Salón Chino Circular para despachar conversaciones privadas con su canciller. Destacan otras habitaciones en el palacio, como la del Chino Azul, la de la Laca Antigua, el Salón del Desayuno o el Gran Salón Rosa. La simetría de la arquitectura es especialmente reseñable, así como los jardines, repletos de fuentes y lagos, y atravesados por senderos, laberintos y glorietas. Aquí se instaló, en 1752, el primer gran parque zoológico del mundo, conocido como la Casa de las Palmeras.

Palacio y jardines de Schönbrunn (Viena, Austria)

Centro histórico de Brujas

Lugar: Brujas
País: Bélgica

EL NOMBRE ORIGINAL DE BRUJAS significa «puente» y lo cierto es que esta población se caracteriza por la gran cantidad de ellos que posee. Brujas es claro ejemplo de un municipio que ha sabido conservar su legado medieval, preservándolo de forma eficaz. Ésta fue una de las razones por las que resultó incluida en la lista de Patrimonio de la Humanidad en el año 2000.

El centro histórico se organiza alrededor de la plaza Mayor o «Grote Markt». Son numerosos los monumentos que podemos encontrar en este núcleo urbano. Sin salir de la misma plaza, destacan el Campanario y el Mercado Cubierto.

La plaza Burg –una antigua fortaleza amurallada– alberga el Ayuntamiento de Brujas, que data de los siglos XIV-XV y fue edificado con un marcado estilo gótico florido.

La iglesia de Nuestra Señora es uno de los monumentos de ladrillo más altos del mundo (122 metros). Por último, entre otros edificios civiles y religiosos, hay que citar, necesariamente, la Catedral de San Salvador, cuyos orígenes se remontan al siglo IX, aunque su aspecto actual date de finales del XVIII e inicios del XIX.

ARRIBA: IGLESIA DE NUESTRA SEÑORA
EN ESTA FOTOGRAFÍA: CANALES DE LA CIUDAD DE BRUJAS

Catedral de Nuestra Señora de Tournai

Lugar: Tournai
País: Bélgica

Sus orígenes se remontan al siglo XII. Uno de los elementos más característicos de su estructura es la piedra de color gris con tonos azulados, muy presente en la zona. Su nave románica de grandes dimensiones conforma una estructura arquitectónica singular. El coro inicial fue derribado por orden del obispo Gautier de Marvis, y reconstruido posteriormente, en el siglo XIII, en espléndido estilo gótico.

Aunque, en numerosas ocasiones, se planteó la reconstrucción o remodelación de la catedral, lo cierto es que sufrió pocas modificaciones, excepto el añadido de una capilla gótica y del pórtico occidental. Fue declarada Patrimonio de la Humanidad en el año 2000.

Centro histórico de Brujas (Bélgica)

AYUNTAMIENTO DE BRUJAS

Tihuanaco: centro espiritual y político de la cultura tihuanaco

Lugar: Meseta del Collao
País: Bolivia

ESTE CONJUNTO MONUMENTAL SE RELACIONA con una cultura preincaica de la que no consta suficiente documentación. De hecho, a falta de más datos, se la ha denominado «cultura tihuanaco». El grupo de construcciones que han llegado hasta nuestros días se compone de siete elementos claramente diferenciados: Kalasasaya, Templete Semisubterráneo, Pirámide de Akapana, Puerta del Sol, Kantatayita (Luz del amanecer), Putuni o Palacio de los Sarcófagos y Puma Punku. La datación de los restos encontrados causa asombro, pues se calcula que los más antiguos podrían ser del 15.000 a. C. y que esta civilización desapareció alrededor del año 1100 a. C.

Puente Viejo de Mostar

Lugar: Mostar
País: Bosnia y Herzegovina

LOS ORÍGENES DEL PUENTE DATAN DEL SIGLO XVI. Tiene una longitud de algo más de 30 metros. Se alza sobre el río Neretva. Fue diseñado por el arquitecto Sinan. En ambos extremos tiene sendas torres que se denominan Torre Halebija y Torre Tara, aunque éstas fueron construidas un siglo más tarde que el puente.

A finales del siglo XX, toda la región balcánica se vio sumida en un sangriento conflicto militar y, por razones estratégicas, el puente fue dinamitado el 9 de noviembre de 1993 por soldados croatas. Su reconstrucción se inició tras alcanzarse el armisticio y, hasta su finalización, ambas partes de la ciudad se unían por un puente provisional tendido por militares españoles de las Fuerzas de Pacificación. El barrio del Puente Viejo fue declarado Patrimonio de la Humanidad en 2005.

Puente Mehmed Paša Sokolović

Lugar: Višegrad
País: Bosnia y Herzegovina

FUE CONSTRUIDO POR EL REPUTADO ARQUITECTO OTOMANO Sinan ibn Adülmennan (más conocido como Mimar Sinan), por orden del gran v isir Mehmed Paša Sokolović, de quien toma su nombre.

Se alza sobre el río Drina, en Visegrad, en el este de Bosnia y Herzegovina, y destaca por sus elegantes proporciones. Consta de 11 arcos de mampostería –con aperturas de entre 11 y 15 metros– y mide casi 180 metros de longitud.

En la Primera Guerra Mundial, tres de sus arcos fueron destruidos y, ya en la segunda, otros cinco corrieron igual suerte. Posteriormente fue reconstruido.

Brasilia

Lugar: Brasilia
País: Brasil

CAPITAL OFICIAL DE BRASIL, FUE EDIFICADA A PARTIR DE LA NADA entre los años 1956 y 1960. Supuso una experiencia urbanística única, ya que permitió diseñar un nuevo concepto de ciudad sin barreras previas. La idea fue desarrollada por el arquitecto Oscar Niemeyer, el urbanista Lucio Costa y el paisajista Roberto Burle Marx. Brasilia se localiza en la parte central del país sudamericano, a casi mil kilómetros de Río de Janeiro. Hoy aglutina una población de casi dos millones y medio de habitantes y es sede del gobierno federal. Es la única capital del mundo construida, íntegramente, durante el siglo xx.

El Eje Monumental, localizado en el centro de la ciudad, es la principal arteria de Brasilia. Entre los extraordinarios monumentos que hay que nombrar se encuentran la Catedral de Brasilia (Catedral Metropolitana de Nuestra Señora Aparecida), el Complejo Cultural de la República (que incluye la Biblioteca Nacional de Brasilia y el Museo Nacional de la República), el Congreso Nacional, los palacios de la Alvorada y de Planalto (vivienda oficial y lugar de trabajo oficial del presidente de Brasil, respectivamente), el Puente Juscelino Kubitschek y el Supremo Tribunal Federal. Hay que destacar, igualmente, el enorme lago Paranoá, completamente artificial y que cumple varias funciones (deportivas, paisajísticas y de suministro de agua).
Brasilia fue declarada Patrimonio de la Humanidad en el año 1987.

CONGRESO NACIONAL

BANCO CENTRAL DE BRASIL

PALACIO DE PLANALTO

Monasterio de Rila

Lugar: Montañas Rila
País: Bulgaria

LA FUNDACIÓN DEL MONASTERIO se remonta al siglo x. Fue un eremita llamado San Juan de Rila, canonizado por la iglesia ortodoxa, quien lo fundó. Inicialmente se concibió como un humilde lugar de oración y espiritualidad donde cobijarse (se cree que era únicamente un hueco en un árbol). La santidad del eremita se extendió y fueron muchas las personas que quisieron seguir su ejemplo en ese paraje. Una de las últimas acciones de San Juan de Rila fue, por eso, edificar un monasterio que albergara a quienes acudían a su lado.

Una vez muerto el santo, el monasterio se convirtió en centro de peregrinación. Posteriormente, se le fueron añadiendo nuevas edificaciones hasta transformarse en un gran complejo. A principios del siglo xix, ardió pasto de las llamas, pero mediado el mismo siglo fue reconstruido con su apariencia actual.

Angkor

Lugar: Angkor
País: Camboya

DESDE FINALES DEL SIGLO IX HASTA EL XV, el Imperio angkoriano dominó una vasta extensión de territorios del sudeste asiático. Su momento de mayor esplendor quedó plasmado en el conjunto de palacios y templos que se concentran en esta región camboyana de aproximadamente 400 kilómetros cuadrados.

Los templos más conocidos, y posiblemente los más espectaculares, son los de Angkor Vat y Bayon, situado éste en Angkor Thom.

Además del delicado trabajo en piedra, destaca la profusión de esculturas, estatuas y relieves, con los que fueron decorados las distintas salas y el exterior de estos edificios.

Hasta no hace muchos años, estos monumentos se encontraban literalmente invadidos por la vegetación selvática, pero la UNESCO, en cooperación con otros países, inició urgentes trabajos de recuperación y protección de los mismos.

El único templo que no ha sido objeto de esta intervención es, precisamente, el más importante: se llama Angkor Vat y se encuentra habitado por una comunidad de monjes budistas. El conjunto aúna una riqueza arqueológica importantísima y alberga más de veinte templos relevantes.

Canal Rideau

Lugar: Ottawa
País: Canadá

SE CONSTRUYÓ CON FINES MILITARES A PRINCIPIOS DEL SIGLO XIX, cuando Gran Bretaña y Estados Unidos se disputaban el control en esta región.

El canal divide la ciudad de Ottawa, capital de Canadá, y a su paso articula una red de agradables paseos y zonas verdes. Posee una longitud de 200 kilómetros y atraviesa, además, otras ciudades de la provincia de Ontario como Smith Falls, Merrickville, Westport, Battersea y Kingston. En invierno se convierte en la mayor pista de patinaje sobre hielo del mundo, pues sus aguas se congelan hasta siete metros de profundidad.

Fue uno de los primeros canales en facilitar la navegación de barcos a vapor aunque, hoy, sus principales funciones son turísticas, deportivas y de ocio.

Parque Nacional de Gros Morne

Lugar: Terranova y Labrador)
País: Canadá

UBICADO EN LA COSTA OCCIDENTAL DE LA ISLA DE TERRANOVA, este espectacular parque se extiende en un área de 1.085 kilómetros. Em 1987, fue reconocido como Patrimonio de la Humanidad por la UNESCO que, en su declaración, destacó los afloramientos de la corteza oceánica profunda y de rocas del manto terráqueo que se dan en Gros Morne. El parque ofrece pues un ejemplo excepcional de la deriva continental.

También es posible admirar extraordinarias formas rocosas, playas de arena, el fiordo de Western Brook, cascadas, lagos y el Pissing Mare Falls, el mayor salto de agua de la parte oriental de Norteamérica.

Parque Nacional de Rapa Nui

Lugar: Isla de Pascua
País: Chile

CRÁTER DEL VOLCÁN RANO KAO

ESTE PARQUE OCUPA EL CUARENTA POR CIENTO de la superficie de la Isla de Pascua. Fue creado en 1966 y declarado Patrimonio de la Humanidad en 1995. Se extiende en una superficie de 7.130 hectáreas con cráteres volcánicos y escasa vegetación.

Asentado en la isla hacia el año 300 d. C., el pueblo Rapa Nui construyó los espectaculares *moais*, gigantescas estatuas de piedra volcánica repartidas por toda la isla. Su significado sigue siendo, a día de hoy, un misterio. Una teoría aventura que podría tratarse de representaciones de ancestros, que proyectaban su poder sobre sus descendientes.

La Gran Muralla

Lugar: A lo largo de casi 9.000 km
País: China

ES LA MAYOR OBRA DE INGENIERÍA MILITAR DE TODA LA HISTO-
RIA. Comenzó en el siglo V y su construcción se pro-
longó hasta el siglo XVI. La orden de edificarla provino
del primer emperador, Qin Shi Huang, que pretendía
protegerse de las belicosas tribus del norte.
La muralla se comenzó a levantar rudimentariamente
con piedras colocadas unas encima de las otras y tierra compactada. Posteriormente, la técnica de edificación se fue modificando. Millones de personas trabajaron en la muralla. Muchos murieron en el esfuerzo,
y fueron enterrados bajo esas mismas piedras.
La dinastía Han (202 a. C.-220 d. C.) extendió la muralla unos 500 kilómetros más, e incorporó, además,
torres de vigilancia que reforzaron su función defen-
siva. Los Ming, por su parte, elevaron la altura del muro
y abandonaron el empleo de tierra apisonada. La sus-
tituyeron por ladrillos, que comenzaron a producir ma
sivamente en hornos de fabricación.
Las puertas principales de la muralla son el Paso Juyong
(paso del norte), que defendía Pekín; el Paso Jiayu (paso
del oeste), y el Paso Shanhai (paso del este), en la zona
oriental. Contiene, además, 67 torres de vigilancia y
fuertes de difícil acceso para reforzar su seguridad frente
al enemigo.
La muralla llegó a cubrir un área de 20.000 kilómetros,
aunque hoy sólo se conserva un treinta por ciento,
aproximadamente, de aquella extensión. Se calcula que
se extiende a lo largo de unos 8.800 kilómetros de longitud.
Una obra de estas características necesitó de una lo-
gística de proporciones descomunales. Por esta razón,
podemos comprobar cómo los materiales de los que
se nutre la muralla fueron modificándose en función
de la región en la que se construía. Es decir, se utiliza-
ban distintos elementos, escogiendo los más abun-
dantes allí donde se edificaba. Así, algunos tramos son
de piedra caliza y otros de ladrillo cocido, mientras en
ciertas regiones, el material más frecuente es el granito.
La Gran Muralla China fue declarada Patrimonio de la
Humanidad en 1987.

La Gran Muralla (China)

Es la construcción humana más gigantesca de todos los tiempos, especialmente si pensamos en la época en que se acometió, a partir del siglo V. Aunque no está bien documentado, se calcula que murieron entre ocho y diez millones de trabajadores para edificarla. Fueron enterrados allí mismo,

Otras maravillas de China

Lugar: distintos emplazamientos
País: China

EL ABANICO DE MARAVILLAS QUE ALBERGA CHINA ES INMENSO. No sólo por su esplendor sino, especialmente, por su gran variedad. De hecho, es el país asiático con más lugares incluidos en la lista de Patrimonio de la Humanidad por la UNESCO.

El Templo del Cielo es uno de ellos. Está emplazado al sur de Pekín y fue fundado en la primera mitad del siglo XV. Dentro de este templo se rogaba por las cosechas y se daba las gracias por los frutos obtenidos. Es el mayor de su clase en toda la República Popular China. Lo componen un conjunto de edificios, rodeados por una muralla interior y otra exterior, que lo subdividen en dos zonas. Fue declarado Patrimonio de la Humanidad en 1988.

El conjunto histórico del Palacio de Potala, en Lhassa (sudoeste de China), es la residencia de invierno del Dalái Lama desde el siglo VII. Por eso, constituye todo un símbolo para los tibetanos. El conjunto palaciego se edificó a 3.700 metros de altitud, en la Montaña Roja. Posee una ornamentación muy rica y un gran interés histórico y religioso.

El Santuario del panda gigante, en Sichuan (sudoeste de China), acoge al treinta por ciento de la población mundial de este mamífero, amenazado gravemente de extinción. Abarca una superficie superior a las 924.000 hectáreas y comprende siete reservas naturales y nueve parques paisajísticos. Además, este espacio alberga a otras especies en peligro como el leopardo de las nieves, el panda rojo o la pantera nebulosa. Sichuan fue declarado Patrimonio de la Humanidad en 2006.

La región kárstica de la China Meridional es un paisaje excepcional. Se extiende por una superficie de unos 500.000 kilómetros cuadrados. Fue declarada Patrimonio de la Humanidad en 2007.

Las *dialou* de la región de Kaiping son casas fortificadas y construidas en varios pisos. Las hay de tres tipos: torres comunales (construidas por varias familias como refugio), torres residenciales (como viviendas) y torres vigías. Constituyen un gran ejemplo de la compleja fusión de los estilos arquitectónicos chino y occidental.

IZQUIERDA: TEMPLO PUTUO ZONGCHENG, EN CHENGDE

SANTUARIO DEL PANDA GIGANTE EN SICHUAN

TULOU DE FUJIAN (CHINA)

TEMPLO DEL CIELO, EN PEKÍN

PALACIO DE POTALA, EN LHASA

IZQUIERDA:
DIALOU DE
RUI SHI

DERECHA:
KARST EN
CHINA
MERIDIONAL

Puerto, fortalezas y conjunto monumental de Cartagena

Lugar: Cartagena de Indias
País: Colombia

CARTAGENA DE INDIAS ES UNA DE LAS CIUDADES TURÍSTICAS MÁS IMPORTANTES DE COLOMBIA. Se ubica a orillas del Caribe y fue uno de los puertos más relevantes que el Imperio español tenía en sus colonias americanas.

Esta ciudad caribeña cuenta con un conjunto de fortificaciones muy representativo, las cuales le sirvieron para defenderse de los piratas y de las tropas inglesas, francesas y holandesas.

Asimismo, la ciudad se dividió en cinco barrios para su defensa: Santa Catalina, Santo Toribio, La Merced, San Sebastián y el arrabal de Getsemaní.

Su centro histórico fue declarado como Patrimonio de la Humanidad por la UNESCO en el año 1984.

Biodiversidad de Costa Rica

Lugar: varias localizaciones en Costa Rica
País: Costa Rica

EN COSTA RICA EXISTEN TRES ZONAS NATURALES QUE, a partir de la década de 1980, fueron declaradas como Patrimonio de la Humanidad por la UNESCO: el Parque Nacional de la Isla del Coco; las reservas de la cordillera de Talamanca-La Amistad y el Parque Nacional de La Amistad; y la zona de conservación de Guanacaste. La isla del Coco es un bosque húmedo tropical con impresionantes fondos marinos de rica vida animal.

Las reservas de Talamanca y La Amistad conservan vestigios de las glaciaciones allí acaecidas durante la era cuaternaria y muestran densos bosques húmedos de tipo tropical.

Por otra parte, la zona de conservación de Guanacaste destaca, principalmente, por sus hábitats de bosque seco.

PLAYA PIÑUELAS

PARQUE NACIONAL DE GUANACASTE

Ciudad vieja de Dubrovnik

Lugar: Dubrovnik
País: Croacia

CONOCIDA COMO «LA PERLA DEL ADRIÁTICO», DUBROVNIK se sitúa en una península de la costa de Dalmacia, hoy bajo soberanía croata. La ciudad está rodeada de murallas que albergan hermosas iglesias, palacios y monasterios. Sufrió el dominio de Venecia hasta 1358. Obtuvo luego un tratado de protección con el Imperio otomano, que le evitó ser invadida de nuevo. En 1667, un grave terremoto la sacudió. Para terminar, padeció la Guerra de los Balcanes en el siglo XX, aunque hoy se beneficia de los fondos de la UNESCO para su restauración. Fue declarada Patrimonio de la Humanidad en 1979 y, en 1994, se amplió esta declaración.

Catedral de Santiago de Šibenik

Lugar: Šibenik
País: Croacia

LOS ARTISTAS GEORGIUS MATTEO DALMATICUS, Francesco di Giacomo y Niccolo Giovanni participaron en su construcción, que dio comienzo en el año 1431. Las obras duraron hasta 1535.

La catedral fue construida con piedra caliza y mármol. Las losas de piedra de la cúpula y los tejados fueron talladas para que se ensamblaran entre sí, sin necesidad de usar cemento.

Esta obra arquitectónica representa la transición del estilo gótico al renacentista, e ilustra los intercambios artísticos entre Dalmacia y la Toscana durante los siglos XV y XVI, lo que puede admirarse en su cúpula blanca, en las bóvedas y en la decoración.

Llama poderosamente la atención su característico friso, que alberga 71 rostros de hombres, mujeres y niños, esculpidos en piedra. Decoran los muros exteriores de los ábsides y, al parecer, son retratos inspirados en gentes del siglo XVI, cuyas caras reflejan expresiones de todo tipo.

Ciudad vieja de La Habana y su sistema de fortificaciones

Lugar: La Habana
País: Cuba

LA CIUDAD VIEJA DE LA HABANA Y SU SISTEMA DE fortificaciones fueron declarados Patrimonio de la Humanidad en 1982.

Británicos, franceses y estadounidenses intentaron, en diversas épocas, conquistar esta ciudad que, para defenderse, construyó diversos castillos y fortalezas, entre los que destacan el Castillo de los Tres Reyes del Morro, la Fortaleza de San Carlos de la Cabaña o el Castillo de la Real Fuerza.

El testimonio de las culturas incursoras se refleja, asimismo, en su catedral, en varias de sus plazas y en unos edificios monumentales que presentan diversidad de estilos, principalmente el barroco y el neoclásico. Entre estos, cabe destacar el Gran Teatro de La Habana, el Capitolio, el Museo Nacional de Bellas Artes, el Templete y los hoteles Inglaterra y Ambos Mundos.

CASTILLO DE LA REAL FUERZA

GRAN TEATRO DE LA HABANA

Castillo de San Pedro de la Roca

Lugar: Santiago de Cuba
País: Cuba

CONOCIDO TAMBIÉN COMO CASTILLO DEL MORRO, es una fortaleza militar construida en el año 1638 por orden del entonces gobernador de la provincia, Pedro de la Roca y Borja, quien encargó la dirección de los trabajos al afamado ingeniero italiano Juan Bautista Antonelli. Concebida como defensa ante la piratería, su utilidad militar fue poca, debido a los retrasos en su construcción. Fue reconstruida en diversas ocasiones, de modo que se le agregaron varias defensas (la Estrella o Santa Catalina), almacenes y una iglesia. También se incrementó la altura de sus muros. Además, sufrió varios terremotos que obligaron a nuevas reparaciones.

Ciudad vieja de La Habana y su sistema de fortificaciones

Castillo de Kronborg

Lugar: Helsinger
País: Dinamarca

EL CASTILLO Y PALACIO REAL DE KRONBORG es un notable edificio renacentista, cuya construcción comenzó en 1574, en una zona estratégicamente situada entre Dinamarca y Suecia, para controlar el tráfico del Báltico.

En 1585, Federico II inició trabajos de reconstrucción, dotándolo de su imponente aspecto actual. Sus defensas fueron reforzadas a finales del siglo XVII, tras su conquista por Suecia en 1658, que puso en evidencia las carencias defensivas del castillo, a pesar de sus imponentes dimensiones. Entre 1739 y 1900, funcionó como prisión.

Shakespeare ambientó en este castillo su famosa obra *Hamlet*, en la que lo cita como «Elsinore». Hoy en día alberga el Museo Marítimo y de Comercio de Kronborg. Fue declarado como Patrimonio de la Humanidad por la UNESCO en el año 2000.

Islas Galápagos

Lugar: Islas Galápagos
País: Ecuador

LAS GALÁPAGOS SE SITÚAN A CASI MIL KILÓMETROS DE LA COSTA ecuatoriana y están compuestas por diecinueve islas volcánicas y más de cien islotes rocosos. La isla más destacada es la denominada Isabela, donde se ubica el volcán Wolf.

El paisaje de las islas se formó a partir de las erupciones volcánicas, hace cuatro o cinco millones de años. Galápagos es un ejemplo único en el mundo de la evolución de las especies. Alberga numerosas variedades animales y vegetales singulares, como la iguana terrestre, la iguana rosada, el petrel patapegada, el piquero patas rojas, tortugas terrestres… El científico Charles Darwin se inspiró en estas islas para desarrollar su famosa Ley de la Selección Natural.

Antigua Tebas y su necrópolis

Lugar: Luxor
País: Egipto

LA CIUDAD DEL DIOS AMÓN, LA ANTIGUA TEBAS, fue la capital del Imperio Medio y del Imperio Nuevo de Egipto. Sus ruinas atestiguan la grandeza del poderío egipcio. Destacan, por ejemplo, los templos de Karnak y Luxor; las necrópolis del Valle de los Reyes, del Valle de las Reinas y del Valle de los Nobles; los templos funerarios dedicados a Amenhotep, Ramsés, la reina Tausert... El templo de Amón, en Karnak, es uno de los mejor conservados, y presenta el paseo de columnas más grande del mundo –con un total de 134–, de más de veinte metros de altura. La UNESCO la declaró Patrimonio de la Humanidad en 1979.

ARRIBA Y ABAJO: TEMPLO DE LUXOR

Menfis y su necrópolis (zonas de las pirámides desde Guiza hasta Dahshur)

Lugar: meseta de Guiza, cerca de El Cairo
País: Egipto

EL PRIMER FARAÓN EGIPCIO, MENES, LA FUNDÓ alrededor del año 3050 a. C. y fue capital de este imperio desde la dinastía I a la VIII.

Menfis se halla a diecinueve kilómetros al sur de El Cairo, en la ribera occidental del Nilo. Era el lugar de residencia de los faraones y llegó a tener una población de 500.000 habitantes. Se trataba de una ciudad cosmopolita, y con un importante comercio exterior. También fue uno de los centros administrativos más importantes del país, tan sólo comparable a la majestuosa Tebas.

Incluso cuando, en algunos periodos, Menfis dejaba de ser la capital del país, era denominada «balanza de las dos tierras» o «lo que une los dos países», lo que denota su relevancia, así como su posición estratégica en el vértice del delta del Nilo, entre el Bajo y el Alto Egipto. Cuando Alejandría se convirtió en el centro neurálgico del país, las restantes ciudades, incluida Menfis, cayeron en el olvido y se empobrecieron hasta el punto de ser abandonadas.

Entre sus ruinas destacan tumbas rupestres, mastabas ornamentadas, templos y pirámides como la de Guiza, considerada una de las Siete Maravillas del Mundo en la Antigüedad.

Es impresionante la longitud de sus cementerios, que miden más de 30 kilómetros (Dahsur, Saqqara, Abusir, Zawyet el Aryan, Gizeh y Abu Ruash), probablemente debido a la progresiva búsqueda de lugares amplios e idóneos en los que levantar las pirámides.

En 1979, la UNESCO declaró a Menfis y su necrópolis, así como la zona de las pirámides desde Guiza hasta Dahshur, como Patrimonio de la Humanidad.

ARRIBA: PIRÁMIDE DE KEOPS
ABAJO: GRAN ESFINGE DE GUIZA CON LA
PIRÁMIDE DE KEFRÉN O JAFRA DE FONDO

Levoča, castillo de Spiš y los monumentos culturales asociados

Lugar: Spišské Podhradie (distrito de Levoča)
País: Eslovaquia

LA CIUDAD DE LEVOCA SE ENCUENTRA AL ESTE DE ESLOVAQUIA.
Aparece citada por primera vez en 1249. En 1271, se
convierte en capital de Spis y en el siglo XIV en villa real.
La urbe conserva un aspecto medieval. Destacan su
plaza principal, la alcaldía, la iglesia gótica de Santiago,
la casa de Thurzo y la puerta de Kosice. Además, son
dignas de mención sus murallas, donde perduran seis
bastiones y tres puertas de entrada a la ciudad.
El castillo de Spis fue edificado en el siglo XII en la po-
blación de Spisske Podhradie. Su construcción inicial es
de factura románica, con murallas, y comprende dos
palacios y tres basílicas. Posteriores añadidos incorpo-
raron otros estilos, como el gótico, empleado en una
de las capillas.

Catedral de Burgos

Lugar: Burgos
País: España

Santa María de Burgos es uno de los mejores exponentes del arte gótico, con fuerte influencia francesa. Su importancia no estriba sólo en su arquitectura, sino también en la gran colección de obras de arte que alberga en su interior: pinturas, esculturas, sitiales del coro, vidrieras, tumbas y retablos.

Aunque el gótico es el estilo dominante, la catedral fue objeto de distintas intervenciones en diferentes épocas, por lo cual tiene destacados elementos decorativos de estilos renacentista y barroco.

Su construcción la ordenó el rey Fernando III el Santo, en el año 1221, al mismo tiempo que se construían las catedrales parisinas más importantes de la época. Fue consagrada en el 1260.

Destacan, en su interior, las capillas de los Condestables (siglo XV) y la de Santa Tecla (siglo XVIII). Respecto a su aspecto exterior, hay que reseñar especialmente las agujas de la fachada principal, del siglo XV, y el cimborrio del crucero, del siglo XVI.

Alhambra, Generalife y Albaicín de Granada

Lugar: Granada
País: España

LA ALHAMBRA SE ALZA SOBRE UNA COLINA ROCOSA, junto al río Darro, en la ciudad de Granada.

Fue Mohamed-Ben-Nazar –más conocido como Al-Ahmar («El Rojo») por el color de su barba–, quien hizo construir el primer núcleo del castillo a su entrada en la ciudad, a inicios del siglo XIV. Su hijo, Mohamed II, fortificó la construcción inicial.

A mediados del siglo XIV, Yusuf I construyó la Torre de Comares, en tanto Mohamed VI edificó el Patio de los Leones. Por fin, la conquista de Granada por los Reyes Católicos, en 1492, la convirtió en palacio real.

La fortaleza está compuesta por numerosos edificios, entre los que destacan la alcazaba (de uso militar), los palacios nazaríes del siglo XIV (el de Comares y el Patio del los Leones), el Palacio de los Leones, el Palacio de Carlos V, el Partal y el Generalife (un palacio independiente, frente a la Alhambra, que está rodeado de huertos y jardines).

La Alhambra es Patrimonio de la Humanidad desde 1984, y el barrio andalusí del Albaicín fue incluido por extensión en la declaración de la UNESCO, en 1994. En este último, se fusionan las arquitecturas tradicionales andaluza y morisca, en un bello conjunto de construcciones, que constituye uno de los núcleos más antiguos de la Granada musulmana y un sincretismo único en el mundo.

Ciudad vieja de Ávila

Lugar: Ávila
País: España

ÁVILA DE LOS CABALLEROS GOZA DE UNA MURALLA MEDIEVAL perfectamente conservada, de estilo románico, construida entre el siglo XI y el XIV, que cierra una superficie de 31 hectáreas. Con los romanos se conformó el centro histórico de la ciudad, en el que destacan la plaza del Mercado Grande o las calzadas romanas. Entre sus monumentos hay que mencionar la Catedral del Salvador, la basílica de San Vicente, la iglesia de San Pedro, el Palacio de Don Diego del Águila, el Real Monasterio de Santo Tomás o el Palacio de Valderrábanos.

DERECHA: LOS CUATRO POSTES
ABAJO: VISTA NOCTURNA DE LA MURALLA

Monumentos de Oviedo y el Reino de Asturias

Lugar: Oviedo y otras localizaciones
País: España

LA RESISTENCIA GODA A LA INVASIÓN MUSULMANA del siglo VIII dio como resultado la independencia *de facto* del Reino de Asturias, tras la batalla de Covadonga y la victoria de Don Pelayo, primer monarca asturiano.

Durante ese periodo, nace allí un arte propio, el prerrománico, que se extendió hasta la misma Galicia. El prerrománico asturiano puede dividirse en varias etapas: las primeras construcciones, la pre-rramirense o Alfonsí, la ramirense y la post-rramirense. Además, hay que mencionar las artes menores que, principalmente, estaban representadas por la orfebrería.

Entre los monumentos más relevantes del prerrománico asturiano hay que mencionar las iglesias de San Tirso, San Miguel de Lillo, Santa María del Naranco, Santa Cristina de Lena, Santianes de Pravia y Santa María de Bendones, así como el Monasterio de Santa María la Real, la Torre Vieja de San Salvador de Oviedo, y la Cámara Santa de la Catedral de Oviedo.

Además, la UNESCO ha hecho una mención especial a la Fuente de Foncalada, construida por Alfonso III en Oviedo, como «notable obra de ingeniería hidráulica».

En cuanto a los trabajos de orfebrería, hay que mencionar la Caja de las Ágatas, la Fuente del Bayu, la Cruz de los Ángeles y la Cruz de la Victoria.

Por otra parte, numerosos restos arquitectónicos y escultóricos atestiguan el arte prerrománico, como San Martín de Villaviciosa, San Miguel de Bárcena o Santa Eulalia de Morcín, entre otros muchos de ellos.

En 1985, la UNESCO declaró Patrimonio de la Humanidad a los monumentos de Oviedo y del Reino de Asturias, para ampliar la selección trece años más tarde.

ARRIBA: SANTA CRISTINA DE LENA
ABAJO: SAN MIGUEL DE LILLO

Parque Nacional Yellowstone

Lugar: Wyoming
País: EE UU

EL PARQUE NACIONAL DE YELLOWSTONE se localiza al noroeste del estado de Wyoming, aunque penetra también en los estados de Idaho y Montana. El nombre de Yellowstone («piedra amarilla») parece provenir del color de las rocas del gran cañón que lo integra. Esta coloración es consecuencia de una alteración hidrotérmica del hierro que dichas rocas contienen.

Se trata del parque nacional más antiguo del mundo, ya que fue creado en 1872. Se extiende a lo largo de más de 8.900 kilómetros cuadrados y alberga uno de los ecosistemas mejor conservados de zona templada. Una de sus mayores curiosidades son los fenómenos geotérmicos que acoge, como los numerosos géiseres y fuentes calientes.

Además, Yellowstone es el medio natural de numerosas especies animales entre las que destacan los osos negros, los *grizzlis*, los pumas, los coyotes, los alces, los bisontes y los *waipitis*, entre otros.

Entró a formar parte del listado de la UNESCO el 8 de septiembre de 1978. El 26 de octubre de 1976 había sido declarado Reserva internacional de la biosfera.

Estatua de la Libertad

Lugar: Nueva York
País: EE UU

Fue un regalo de Francia a los Estados Unidos con motivo del centenario de su independencia. La realizó en París el escultor Frédéric Auguste Bartholdi, en colaboración con Gustave Eiffel, quien se hizo cargo de la estructura metálica, y de Viollet-le-Duc, que escogió los cobres de la estatua.

Fue instalada en la Isla de la Libertad, al sur de Manhattan, en el año 1886. Situada pues en la entrada del puerto de Nueva York, se convirtió en todo un símbolo de los Estados Unidos.

Representa el triunfo de la libertad frente a la opresión, y era la primera visión de los inmigrantes cuando llegaban en barco al país, después de atravesar el Atlántico. En su base puede leerse un poema de Emma Lazarus que reza: «Dadme a los hastiados, a los pobres, a las muchedumbres que ansían respirar la libertad». Mide 46 metros sin contar su pedestal, que agrega otros 47 más. Para subir hasta la corona, que tiene siete puntas en representación de los siete continentes, es necesario subir 354 escalones. Ese es el punto más alto al que pueden llegar los visitantes.

En 1924, la Estatua de la Libertad fue declarada Monumento Nacional y, en 1984, Patrimonio de la Humanidad, por la UNESCO.

Centro histórico de Tallin

Lugar: Tallin
País: Estonia

LA CIUDAD DE TALLÍN TIENE SUS ORÍGENES EN UN CASTILLO de los Caballeros Cruzados de la Orden Teutónica, durante el siglo XIII. Su población se fue incrementando y, con ella, su prosperidad, que se plasmó en muchos monumentos y edificios civiles y religiosos. Pese a los incendios y guerras, éstos han perdurado hasta la actualidad. El centro histórico es de corte medieval. Sus estrechas calles adoquinadas acogen antiguas casas de comerciantes y almacenes. Destacan también el ayuntamiento, la iglesia de San Olaf o la del Espíritu Santo.

Iglesias talladas en la roca de Lalibela

Lugar: Lalibela
País: Etiopía

EN LALIBELA, EN EL CORAZÓN DE ETIOPÍA, once iglesias medievales fueron excavadas en la roca basáltica de color rojizo. Provienen de la dinastía Zagüe, uno de cuyos reyes –Gebra Maskal Lalibela, que dio nombre a la ciudad– quiso construir una nueva Jerusalén como respuesta a la conquista musulmana de Tierra Santa. Cuatro de las iglesias son exentas y, el resto, están unidas a la roca. Se comunican entre sí por pasadizos. Sus nombres son: Biet Medhani Alem, Biet Mariam, Biet Mascal, Biet Denagel, Biet Golgotha Mikael, Biet Amanuel, Biet Mercorcos, Biet Abba Libanos, Biet Gabriel Rafael, Biet Lehem y, finalmente, Biet Ghiorgis (Casa de San Jorge), que es la que mejor se conserva.

EN AMBAS IMÁGENES, IGLESIA DE BETE GIYORGIS

Centro histórico de San Petersburgo

Lugar: San Petersburgo
País: Rusia

LA CIUDAD DE SAN PETERSBURGO ES FRUTO DEL PROYECTO urbanístico iniciado por Pedro el Grande en 1703. Entre su vasto valor arquitectónico y monumental, destaca la mezcla de dos estilos tan distintos como son el barroco y el neoclásico. Es conocida como «la Venecia del Norte», por sus numerosos canales y puentes. Destacan, entre sus edificios, la Catedral de San Pedro y San Pablo, la de San Isaac, la de la Santa Trinidad, el Palacio de Pavlovsk, el Monasterio de San Pedro, el Monumento a la Tercera Internacional, el Palacio Peterhof o el Palacio Konstantinovski. Fue declarada Patrimonio de la Humanidad por la UNESCO en 1991.

Istmo de Curlandia

Lugar: Óblast de Kaliningrado
País: entre Rusia y Lituania

Es un delgado istmo de arena que separa el lago de Curlandia del mar Báltico, y se formó hace 5.000 años por la acción del viento y de las mareas. Tiene una longitud de 98 metros, de los cuales 52 pertenecen a Lituania, y el resto a Rusia.

Su vegetación es típica de las dunas, con pinos y arena. Aquí se localiza la Reserva Natural de Nagliu y la Duna de Vecekrugas, una de las más grandes.

Fue ocupado por la Orden de los Caballeros Teutónicos en el siglo XIII. Entre las ciudades que en él se ubican, destaca Nida como polo de atracción turística.

Fue declarado Patrimonio de la Humanidad por la UNESCO en el año 2000.

Monte Saint Michel y su bahía

Lugar: Baja Normandía
País: Francia

EL MONTE SAINT MICHEL CONFORMA UNA FRONTERA NATURAL entre Bretaña y Normandía. En este islote rocoso, se alza una abadía gótica benedictina, consagrada al arcángel San Miguel y edificada entre los siglos XI y XVI. La bahía es especialmente peligrosa, debido a la potencia de sus mareas y a las arenas movedizas. Estos factores aislaron durante siglos el lugar, que sólo era accesible durante la bajamar. Hoy esas circunstancias no merman el incensante flujo turístico. Actualmente, una carretera da acceso al promontorio, pero está previsto reemplazarla por un puente, dentro de un proyecto más ambicioso para desarenar la bahía.

La UNESCO declaró el islote Patrimonio de la Humanidad en 1979, junto al molino de Moidrey y la bahía.

Catedral de Chartres

Lugar: Chartres
País: Francia

CHARTRES, A UNOS 80 KILÓMETROS DE PARÍS, acoge una de las catedrales más representativas del gótico francés: la Catedral de la Asunción de Nuestra Señora. Su construcción se inició en 1145 y, tras incendiarse en 1194, la obra fue recomenzada de modo que, finalmente, fueron necesarios veintiséis años más para culminarla. Destacan en ella sus vitrales de los siglos XII y XIII, y las esculturas del XII que adornan los pórticos. Su planta es cruciforme y dispone de cinco naves, de las que tres están en el cuerpo principal. La bóveda mide 36 metros de altura y su cripta es la más grande de Francia. También tiene nueve portales (entre los que destaca el Portal Real).

Al margen de sus indudables valores artísticos y estéticos, la Catedral de Chartres supuso un punto de inflexión para este tipo de edificaciones, por las soluciones técnicas y arquitectónicas que aportó. Con ella, comenzaba el periodo de mayor esplendor del gótico francés, cuya influencia se extendería por toda Europa.

Palacio y parque de Versalles

Lugar: Versalles
País: Francia

En 1623, Luis XIII se hizo construir un refugio de caza en medio del bosque con ladrillo, piedra y pizarra. Años después, su hijo, Luis XIV, fue quien ordenó la construcción del Palacio de Versalles.

En la primera etapa de la edificación, se alzó el Palacio de Caza y la Plaza de Armas. En una segunda etapa, Luis XIV trasladó la corte al palacio y, por ello, se ordenó construir dos alas laterales y el jardín, diseñado por André le Nôtre. En la tercera y última etapa, se elevó la Capilla Real.

El conjunto de Versalles comprende varios palacios: Versalles, Gran Trianón y Pequeño Trianón. Además, varias caballerizas, la Sala de Juego de la Palma, el Hotel de los Pequeños Placeres…

El parque abarca 800 hectáreas en las que se hallan repartidas más de 370 estatuas y 55 estanques. En su interior, destacan la Galería de los Espejos, el Salón de la Guerra, el Salón de la Paz, las habitaciones del rey, la reina y las del delfín. En total, el palacio ocupa una superficie de 67.121 metros cuadrados.

En 1979, la UNESCO lo reconoció como Patrimonio de la Humanidad.

Catedral de Reims

Lugar: Reims
País: Francia

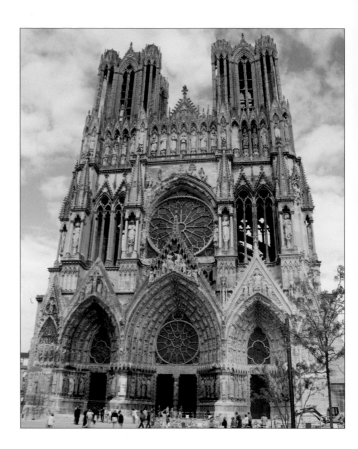

La catedral de Notre-Dame de Reims está considerada una joya del gótico en Francia. Fue construida en el siglo XIII, más tarde que las catedrales de Chartres y París. En ella se coronaron varios monarcas de Francia.

Su nave mide 38 metros de altura y más de 138 de largo; sus torres se elevan 86 metros. Alberga 1.303 estatuas (más que cualquier catedral de Europa). Además, custodia tapices de gran valor, entre los que destaca la serie presentada por Robert de Lenoncourt, arzobispo con Francisco I, que ilustra la vida de la Virgen. Sus vidrieras son, también, destacables. La ubicada en el eje del ábside fue diseñada por Marc Chagall. Durante la Primera Guerra Mundial, sufrió graves desperfectos y, en 1919, el arquitecto Henri Deanauz comenzó su reconstrucción con ayuda de la familia Rockefeller. A día de hoy, este proceso no ha terminado.

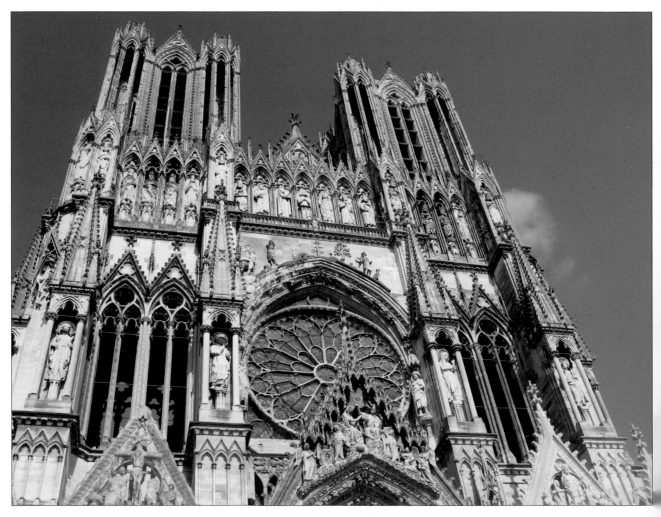

III

MARAVILLAS SINGULARES DEL MUNDO

Alta Svanetia

Lugar: Svanetia
País: Georgia

LAS EXCEPCIONALES MONTAÑAS DE ESTA REGIÓN CAUCASIANA conforman un bellísimo paisaje en el que habitan los svanes, un subgrupo étnico de los georgianos.

A partir del siglo IX y hasta el XII, entre dichos picos, que alcanzan alturas de 3.000 a 5.000 metros, se construyeron unas típicas casas fortificadas, que servían como vivienda y puesto de defensa contra los invasores. Estas torres, cuya base medían cinco por cinco metros, podían alcanzar los 25 metros de altura. En lo más alto, se establecía el puesto de vigilancia, donde el centinela avistaba el exterior a través de pequeños agujeros, que también le servían para disparar proyectiles. Las casas, por su parte, solían tener dos pisos, de entre 80 y 130 metros de superficie.

La Alta Svanetia está declarada Patrimonio de la Humanidad desde 1996.

Acrópolis de Atenas

Lugar: Atenas
País: Grecia

LEGADO ARQUITECTÓNICO Y ARTÍSTICO DE LA GRECIA ANTIGUA a la humanidad, la Acrópolis encarna el florecimiento de esta civilización, especialmente tras su victoria contra los persas, en el siglo V a. C., y el establecimiento de la democracia. Los monumentos más bellos de la Grecia clásica se erigieron en esta época, muchos de los cuales aún podemos admirar en la Acrópolis: el Partenón, considerado el edificio más importante de todo

el conjunto; los Propileos, como se denominaba a la puerta de entrada a la Acrópolis; el Erecteión, templo jónico que reemplazó al derruido Templo de Atenea; el Templo de Atenea Niké, que conmemoraba la victoria de Salamina…

Eran los tiempos del político y orador Pericles, quien proyectó la reconstrucción de la necrópolis tras su destrucción por las tropas del persa Jerjes. El reputado escultor Fidias, los arquitectos Ictino, Calícrates, Mnesicles y Corebos, el ayudante de Fidias, Calímaco, o el escultor Praxíteles, fueron algunos de los grandes artistas que participaron y asumieron la realización de estas grandes obras, bajo el liderazgo del propio Pericles.

La Acrópolis de Atenas fue declarada Patrimonio de la Humanidad por la UNESCO en el año 1987.

ARRIBA:
TRIBUNA DE LAS
CARIÁTIDES QUE SE
ENCUENTRA EN EL
ERECTEIÓN

III

Monte Athos

Lugar: Península Calcídica
País: Grecia

UBICADO EN LA MACEDONIA CENTRAL, AL NORTE DE GRECIA, el Monte de Athos conforma una península a la que sólo se puede acceder en barco. Denominado «Estado Monástico Autónomo de la Montaña Sagrada», permanece bajo soberanía griega y alberga una veintena de monasterios ortodoxos de gran belleza. Es visitable, pero sólo por hombres, pese a que la Unión Europea ha exigido a Grecia reiteradamente que cambie esta costumbre. Estos monasterios, cuyo origen data del 963 (cuando se estableció el Monasterio de Gran Laura), florecieron especialmente durante el Imperio bizantino. En esta península conviven más de 1.500 monjes y, en sus monasterios, se guardan grandes tesoros medievales como iconos, frescos, códices...

ARRIBA Y ABAJO: MONASTERIO DE SIMONOS PETRA

Meteora

Lugar: Kalambaka
País: Grecia

En el norte de Grecia, en Tesalia, se encuentran los monasterios de Meteora. Son unos impresionantes templos, situados en el Valle del Peneo, que parecen suspendidos en el aire, pues fueron edificados en las cimas de unas impresionantes atalayas rocosas erosionadas. En el siglo XI d. C., con los primeros eremitas, los monjes vivían en las cuevas y en la montaña, y se reunían en la iglesia de Santa María de la Fuente de la Vida, que aún permanece en pie.

Hasta el siglo XV no se construyó el primer monasterio: el Gran Meteoro, o Monasterio de la Transfiguración, que está edificado a mayor altura que los demás (415 metros), lo que denota su liderazgo sobre el resto. Antaño sólo se accedía a estos edificios con escaleras desplegables o cestas izadas mediante poleas. Posteriormente, se tallaron escalones en las rocas.

En su etapa de esplendor, Meteora llegó a contar con un total de 24 monasterios habitados por monjes. Hoy en día, sólo seis de ellos están en funcionamiento: el Gran Meteoro (que, convertido en museo, custodia en su interior frescos, grabados, manuscritos y tapices de gran valor histórico y artístico), el de San Nicolás, el de Roussanou, el de la Santa Trinidad, el de San Esteban y el de Varlaam.

Antigua Guatemala

Lugar: Antigua Guatemala
País: Guatemala

ESTA HERMOSA CIUDAD COLONIAL fue fundada en 1543, para convertirse en la sede gubernativa del Reino de Guatemala, en el Valle de Panchoy. El ingeniero encargado de las obras fue Juan Bautista Antonelli. Su diseño respondía a un trazado de damero o parrilla, inspirado en los principios del Renacimiento italiano, con calles orientadas de norte a sur y de este a oeste, partiendo de la Plaza Mayor.

Antigua Guatemala alberga en sus calles monumentos de factura renacentista española y bellas fachadas barrocas (Catedral de San José, Compañía de Jesús, iglesia de la Recolección, ayuntamiento, Palacio de los Capitanes Generales, Museo del Libro Antiguo, iglesia y convento de La Merced, conventos de las Capuchinas y de Santa Clara). Algunos de los arquitectos que trabajaron en estos edificios fueron Juan Pascual, José de Porres, Diego de Porres, José Manuel Ramírez y Luis Díez Navarro.

En 1773, los terremotos de Santa Marta destruyeron la ciudad, que –cuatro años después– fue trasladada al Valle de la Virgen. Surgía así la Nueva Guatemala de la Asunción, Patrimonio de la Humanidad desde 1979.

III

MARAVILLAS SINGULARES DEL MUNDO

Budapest y las orillas del Danubio

Lugar: Budapest
País: Hungría

BUDAPEST ES FRUTO DE LA UNIFICACIÓN de tres ciudades: Buda, Óbuda y Pest. Su origen se remonta a la población romana de Aquincum. Está atravesada por el Danubio y, hoy día, se divide en 23 distritos. Es la única ciudad del mundo con casi cien fuentes termales y doce baños. Alberga restos arquitectónicos romanos, turcos, edificios góticos, barrocos y modernistas.

El castillo de Buda, de estilo barroco, se construyó en el siglo XIV y, durante el XV, alcanzó su mayor esplendor. Su estructura urbanística medieval se ha mantenido, aunque el aspecto del castillo se vio totalmente transformado con la construcción del Palacio Real en 1715. En 1987, la UNESCO declaró Patrimonio de la Humanidad la zona que va desde el Puente de las Cadenas (también incluido), hasta la Universidad Politécnica. Ello abarca los Baños Gellért, la Montaña Gellért y el conjunto de edificios del castillo de Buda. Del lado de Pest se incluyeron el Parlamento, la plaza Roosevelt y el Vigadó, así como el Puente Margarita, el de Elizabeth y el de la Libertad.

En su declaración, la UNESCO destacaba que «el paisaje urbano de Budapest es uno de los más bellos del mundo».

Taj Mahal

Lugar: Agra
País: India

CONSTRUIDO ENTRE 1631 Y 1654, el Taj Mahal fue erigido por orden del emperador musulmán *Sha* Jahan, en honor de su esposa favorita Arjumand Bano Begum, quien murió al dar a luz a su decimocuarta hija.

En este maravilloso ejemplo de la arquitectura mogola se calcula que trabajaron unos 20.000 obreros. Algunas de sus características arquitectónicas más destacables son la cúpula en forma de cebolla, típica de la arquitectura islámica; las inscripciones con versos del Corán sobre sus arcadas principales; o la decoración de loto en las cúpulas.

Conjunto monumental de Mahabalipuram

Lugar: Mahabalipuram
País: India

UBICADA EN LA COSTA DE COROMANDEL, Mahabalipuram fue un importante puerto comercial durante el siglo VII. Gobernaba entonces la dinastía Pallava, que imperó hasta el siglo IX y propulsó grandes obras de arquitectura dravidiana (los dravidianos se localizan en el extremo meridional del subcontinente indio). Destacan entre sus monumentos, los *rathas* (cinco templos monolíticos en forma de carros, consagrados a Shiva); los *mandapas* (santuarios rupestres, como el de Saluvankuppam); gigantescos relieves al aire libre (como la Bajada del Ganges, esculpido en un único bloque de piedra, o el de Arjuna); y las esculturas del Templo de la Orilla.

Taj Mahal (Agra, India)

Conjunto de Borobudur

Lugar: Java Central
País: Indonesia

ESTE SANTUARIO BUDISTA fue erigido entre los siglos VIII y IX por la dinastía Sailendra. Es un espléndido ejemplo de las técnicas constructivas hinduistas y de las enseñanzas del budismo, representadas en su arquitectura, sus esculturas y su simbología. El templo está erigido en honor a Buda, en el centro de la isla de Java, sobre una base piramidal con cinco plataformas cuadradas, con una parte central en forma de cono truncado y un remate con una *estupa* (para contener reliquias). Posee 2.672 paneles de relieve y más de 500 estatuas de Buda.

Una vez al año, en Borobudur se celebra la ceremonia del *Vesak*, que conmemora la existencia de Siddharta Gautama.

La UNESCO lo restauró en 1970 y, en 1991, lo declaró Patrimonio de la Humanidad. Es el sitio turístico más visitado de Indonesia y lugar de peregrinaje budista.

Persépolis

Lugar: cerca de Shiraz (provincia de Fars)
País: Irán

LA QUE FUERA CAPITAL DEL IMPERIO AQUEMÉNIDA, fundada por Darío I en el 518 a. C., ha llegado en forma de ruinas a nuestros días. Con todo, parece que la mayor parte de los monumentos del complejo de Persépolis fueron edificados o finalizados en reinados posteriores a los del propio Darío I.

La ciudad palaciega fue saqueada por Alejandro Magno, quien incendió el Palacio de Jerjes en el 330 a. C. Posteriormente, la hegemonía de Persépolis fue decayendo y, en el siglo III, Istakhr se convirtió en la nueva capital de Persia

Son espectaculares la escalera principal o Escalera de Persépolis (construida con bloques macizos de piedra cortada); la Puerta de todas las Naciones, o Puerta de Jerjes (custodiada por dos enormes toros de piedra); la Apadana (que, erigida por Darío el Grande y finalizada por Jerjes, es la más grande de las construcciones); la Vía de las Procesiones y el Palacio Inacabado (con 13 columnas de 20 metros de altura que, en su día, fueron 72 columnas); el Palacio de Darío, el Palacio de Jerjes, el Tripylon (vestíbulo de audiencia de Jerjes); el Palacio de las Cien Columnas; el tesoro, las tumbas reales y el museo…

Además, recientes trabajos demuestran la existencia, en aquella época, de jardines con canales de irrigación. La UNESCO declaró Persépolis como Patrimonio de la Humanidad en el año 1979.

Bam y su paisaje cultural

Lugar: Bam, Kermán
País: Irán

UBICADA EN EL SUR DE LA MESETA IRANÍ, la ciudad de Bam creció en un oasis irrigado por canales de riego subterráneo, algunos de los cuales aún se conservan. Su origen se remonta al periodo aqueménida (siglos VI-IV a. C). El momento de su mayor esplendor se produjo entre los siglos VII y XI d. C, ya que estaba situada en un cruce de rutas comerciales y poseía una importante producción de tejidos de seda y algodón. Construida con técnicas autóctonas, Bam se levanta a través de un sistema de capas de adobe *(chineh)* y ladrillos de adobe *(khesht)*. Allí se encuentra la ciudadela fortificada Arg-e-Bam, edificada del mismo modo, que fue destruida por un grave terremoto el 26 de diciembre de 2003.

Jerusalén

Lugar: Jerusalén
País: Israel

LA CIUDAD VIEJA DE JERUSALÉN SE HALLA en el Jerusalén Este y, tradicionalmente, se subdivide en cuatro barrios: el musulmán, el judío, el cristiano y el armenio.

En la ciudad santa encontramos el Monte del Templo, o Explanada de las Mezquitas, lugar sagrado donde se localiza históricamente el Templo de Salomón, sobre el que se construyó el Segundo Templo, del que perdura el Muro de las Lamentaciones.

En el mismo monte, encontramos la Cúpula de la Roca, en la que los musulmanes creen que Mahoma subió al cielo y la Mezquita de Al-Aqsa. La basílica del Santo Sepulcro es otro monumento religioso, ubicado en el barrio cristiano.

Cúpula de la Roca (Jerusalén, Israel)

LA CÚPULA
DE LA ROCA,
EN EL MONTE
DEL TEMPLO, ES
EL MONUMENTO
MUSULMÁN MÁS
IMPORTANTE DE
JERUSALÉN

Piazza del Duomo de Pisa

Lugar: Pisa
País: Italia

LA TORRE INCLINADA DE PISA es, en realidad, la torre campanario de la catedral de la ciudad. La plaza donde se encuentra recibe los nombres de Piazza dei Miracoli («plaza de los Milagros») o Piazza del Duomo («plaza de la catedral»). En ella, se encuentran los principales monumentos de Pisa, como son El Duomo («la catedral»), la citada Torre inclinada de Pisa, el baptisterio y el camposanto. Aunque no existe unanimidad al respecto, parece ser que el nombre «dei Miracoli» se debe al poeta italiano Gabriele d'Annunzio.

Los orígenes de la catedral datan de mediados del siglo XI, aunque la famosa torre es de un siglo más tarde. Parecer ser que su curioso perfil inclinado se hizo notar al poco tiempo de comenzarse su edificación. A pesar de las numerosas intervenciones arquitectónicas, no se ha podido enmendar este aspecto.

El baptisterio proviene de mediados del siglo XII, y fue iniciado en estilo románico, aunque posteriormente se lo modificó, como el resto de construcciones de la plaza. El camposanto es del XII. La tradición dice que se levantó sobre suelo sagrado del monte Gólgota, donde Cristo fue crucificado, traído durante la Cuarta Cruzada.

Centro histórico de Florencia

Lugar: Florencia
País: Italia

EL CENTRO HISTÓRICO DE FLORENCIA queda circunscrito por el antiguo perímetro amurallado de la ciudad. Las murallas datan del siglo XIV, aunque fueron modificadas ampliamente en tiempos posteriores.

El núcleo del centro histórico es la Catedral de Santa María dei Fiore, un edificio emblemático del arte gótico y del Renacimiento inicial en Italia. Su imagen más conocida es su campanario, obra de Giotto, que supera los 80 metros de altura y está recubierto de mármol blanco, rosa y verde. Cerca se encuentra el Baptisterio de San Juan, uno de los edificios más antiguos de la ciudad. Así mismo, hay que destacar la basílica de San Lorenzo, el Palacio Medici Riccardi y el Palazzo Vecchio, en la plaza de la Señoría.

IZQUIERDA: SANTA MARIA DEI FIORE
ABAJO: PALAZZO VECCHIO

Venecia y su laguna (Italia)

Venecia y su laguna

Lugar: Venecia
País: Italia

LA CIUDAD SE ASIENTA SOBRE UN PEQUEÑO ARCHIPIÉLAGO formado por un conjunto de más de cien islas. Los distintos edificios y sus respectivas calles se articulan a través de numerosos canales acuáticos vadeados por más de cuatrocientos puentes.

El centro natural de la ciudad es la plaza de San Marcos, presidida por la basílica homónima y su campanario de ladrillo. Igualmente importantes son el Palacio Ducal, la Torre del Reloj y los dos edificios denominados Procuradurías Viejas y Procuradurías Nuevas, cuyas arcadas delimitan la plaza.

La ciudad cuenta también con un destacado y numeroso conjunto de palacios como son, entre otros, los de Ca'Rezzonico, Ca' d'Oro, Delfin Manin o Contarini del Bovolo. Igualmente destacable es el conjunto de puentes, entre los que descolla el de los Suspiros, el de la Academia, el de los Descalzos o el de Rialto.

Islas Eolias

Lugar: mar Tirreno (frente a la costa de Sicilia)
País: Italia

ESTE CONJUNTO DE ISLAS DE ORIGEN VOLCÁNICO, ubicado en el mar Tirreno, cerca de la costa siciliana, son también denominadas Islas Lipari. En total se trata de siete islas principales: Stromboli, Vulcano, Salina, Alicudi, Filicudi, Panarea y la de mayor tamaño, que da nombre a todas: Lipari. Los restos arqueológicos allí estudiados parecen demostrar que las primeras huellas humanas se remontan a hace ocho mil o nueve mil años. Durante la época clásica, estas islas estuvieron ampliamente pobladas y fueron escenario de luchas entre romanos y cartagineses. De hecho, la batalla de las Islas Eolias, en el 260 a. C., determinaría el final de la Primera Guerra Púnica.

En la actualidad, es un centro turístico de gran importancia que ha incrementado su población notablemente. Reconociendo la importancia de sus ecosistemas y de sus fenómenos volcánicos, la UNFSCO las declaró Patrimonio de la Humanidad en el 2000.

El Coliseo de Roma (Italia)

Monumentos históricos de la antigua Nara

Lugar: Nara (cerca de Kyoto)
País: Japón

LA CIUDAD DE NARA FUE CAPITAL DE JAPÓN desde el año 710 al 784. Este hecho concedió mucha importancia a la ciudad y permitió su gran desarrollo. Nara fue el centro cultural del país en aquel periodo del siglo VIII, lo que facilitó su desarrollo monumental. Así, se construyeron en ese tiempo numerosos templos budistas, y un santuario sintoísta.

En la actualidad, es posible visitar también los restos del Palacio Imperial. La declaración de Patrimonio de la Humanidad de la UNESCO, que data de 1998, también destacaba el área natural donde se enmarca.

Petra

Lugar: Petra (Valle de Aravá)
País: Jordania

LOS ORÍGENES DE LA CIUDAD SON NABATEOS, aunque se conocen restos de poblamientos humanos prehistóricos. La ciudad siempre tuvo importancia estratégica como cruce de caminos entre el mar Muerto y el mar Rojo. Lo más extraordinario de Petra es el conjunto de edificios y tumbas excavados en la roca, que presenta marcados trazos de estilo helenístico. Entre ellos destacan Khazneh, el monasterio Deir, los restos del teatro, el Siq y el templo Qasr al-Bint.

Petra fue declarada Patrimonio de la Humanidad en 1985. Hoy es uno de los destinos turísticos más conocidos del mundo y el más importante de Jordania.

Baalbeck

Lugar: Baalbek
País: Líbano

LA CIUDAD GRIEGA DE BAALBEK, EN EL VALLE DE LA BEKÁ, fue un santuario fenicio dedicado al dios Baal. Los seleúcidas la denominaron Heliópolis y los romanos, en tiempos de Augusto, la llamaron colonia Julia Augusta Félix Heliópolis.

Alberga templos, erigidos entre los siglos I y III d.C, en honor de la Triada heliopolitana (Júpiter, Mercurio y Venus), de gran importancia. Entre los monumentos que lo conformaron, destacan los Propíleos, a través de los cuales se accedía al templo de Júpiter; el Gran Patio, construido por Trajano; los templos de Júpiter, Baco y Venus. Este último contenía el Templo de las Musas. Baalbeck fue declarada Patrimonio de la Humanidad por la UNESCO en 1984.

Centro histórico de Vilna

Lugar: Vilna
País: Lituania

BAJO EL REINADO DE SEGISMUNDO II DE POLONIA la ciudad de Vilna vivió sus años de mayor esplendor. En esa época se fundó la universidad, lo que la convirtió en uno de los principales focos culturales de la región báltica.

Su influencia en el desarrollo intelectual y arquitectónico de la Europa Oriental, así como la relevancia de los monumentos que alberga, le hicieron merecedora de la declaración de Patrimonio de la Humanidad en 1994.

Entre sus monumentos, cabe destacar la catedral y su plaza, la iglesia de San Juan, la Torre de Gediminas, la iglesia de San Pedro y la de San Pablo...

Ciudad de La Valeta

Lugar: La Valette (La Valeta)
País: Malta

LA HISTORIA DE LA CAPITAL DE LA REPÚBLICA DE MALTA está unida a la de la Orden Militar y Hospitalaria de San Juan de Jerusalén, más conocida como Orden de los Caballeros de Malta. Éstos recibieron en arriendo las islas, de manos de Carlos I de España, en 1530, tras su expulsión de Rodas. Con la invasión otomana, los caballeros defendieron la isla con gran mérito y, posteriormente, la fortificaron. Tomó entonces su nombre, en honor del gran maestre Jean Parisot de la Valette. En tan sólo 55 hectáreas, La Valeta alberga más de trescientos monumentos, vestigios de pueblos tan variados como los griegos, fenicios, cartagineses, romanos, bizantinos o árabes.

Merece la pena destacar, por ejemplo, la Catedral de San Juan, el Fuerte San Elmo y el Palacio del Gran Maestre de la Armería, que contiene más de cinco mil armaduras de la Orden de Malta.

Medina de Fez

Lugar: Fez
País: Marruecos

FUNDADA EN EL AÑO 809 POR IDRIS II, la Medina de Fez el Bali abarca la parte amurallada de la ciudad de Fez y contiene la mayor mezquita del mundo. Además, esta medina conserva intactas sus estructuras medievales, conformando un dédalo de calles estrechas y laberínticas, divididas en gremios tradicionales (ebanistas, perfumistas, tintoreros, latoneros…). Posee numerosas *madrazas*, tiendas y mezquitas. Destaca la Mezquita de El-Qaraouiyyin, del siglo XI, donde se sitúa la universidad más antigua del mundo y una gran biblioteca. Además, hay que mencionar las *madrazas* Bou Inania, Attarín y Seffarín, y el santuario de Moulay Idris II…

Zona arqueológica de Palenque

Lugar: Palenque (Estado de Chiapas)
País: México

LA CIUDAD MAYA DE PALENQUE FUE DECLARADA PATRIMONIO de la Humanidad por la UNESCO en 1987. Fue fundada hacia el 200 d. C y descubierta por misioneros y militares españoles en el siglo XVIII.

Su máximo esplendor lo alcanzó Palenque bajo el mandato sucesivo de Pakal y su hijo Chan Bahlum, quienes gobernaron la ciudad durante 68 y 18 años, respectivamente.

La principal construcción de Palenque es el complejo del palacio, un conjunto de edificios construidos en épocas distintas, con altares, tronos, patios… Destacan, también, el Templo de las Inscripciones, el Grupo de las Cruces (Templo de la Cruz, Templo del Sol y Templo de la Cruz Foliada) o la tumba del propio Pakal.

III

Chichén Itzá

Lugar: Península del Yucatán
País: México

EMPLAZADO EN EL YUCATÁN, este importante vestigio arqueológico alberga edificios y construcciones del periodo posclásico de la civilización maya.

Chichén Itzá fue fundada en el 525 d. C., pero conoció su apogeo entre el 600 y el 900. Sus edificios más destacables son la Pirámide de Kukulcán, el Juego de Pelota (el más grande de América), el Templo de los Guerreros, el Templo de las Águilas, el Templo Tzompantli, el Grupo de las Mil Columnas o el denominado «Caracol», que es un observatorio astronómico. Además, hay que mencionar el Cenote Sagrado, donde se realizaban ofrendas y sacrificios humanos.

Valle de Katmandú

Lugar: Katmandú
País: Nepal

EL VALLE DE KATMANDÚ DA CABIDA A TRES CIUDADES: Katmandú, Bhaktapur y Patan que, en su conjunto, aglutinan más de 130 monumentos, varios de los cuales son lugares de peregrinación para hindúes y budistas. En 1979, los siguientes conjuntos monumentales fueron declarados Patrimonio de la Humanidad: la plaza de Durbar en Hamman Dhoka (contiene sesenta edificios históricos, entre los que destaca el Templo de Bhawni Taleju); la plaza de Durbar en Patan (entre sus 19 edificios principales, destaca el Palacio de los Reyes Malla); la estupa Swayambhunath; la estupa Bauddhanath; la zona de monumentos de Pashupati, y la zona de Chango Narayan.

Fiordos del oeste de Noruega [Geirangerfjord y Nærøyfjord]

Lugar: región de Sunnmøre y Aurland
País: Noruega

LOS FAMOSOS FIORDOS DE NORUEGA se encuentran al oeste del país, aunque también los hay en otras zonas de su geografía. Se trata de formaciones naturales provocadas por la invasión del mar, tras la retirada de los glaciares, y conforman un espectacular paisaje de paredes verticales, de hasta mil metros, con cascadas, frondosos bosques de coníferas, lagos, ríos y una rica fauna… Los más célebres son los fiordos de Flam, Alesund, Stavanger, Hellesylt, Geiranger, Vik, Trondheim, Andalsnes y Molde (Romsdalsfjord) y Oslo (Vikenfjord). La UNESCO reconoció los fiordos Geirangerfjord y Nærøyfjord en 2005.

Te Wahipounamu. Zona sudoccidental de Nueva Zelanda

Lugar: Isla Sur (región de Southland)
País: Nueva Zelanda

EN MAORÍ, TE WAHIPOUNAMU SIGNIFICA «lugar de las aguas de la piedra verde», en referencia al mineral de jade, abundante en la zona. El lugar fue declarado por la UNESCO Patrimonio de la Humanidad en 1990 y comprende cuatro parques nacionales: el de Aoraki/Mount Cook, el de Fiordland, el de Monte Aspiring y el de Westland. Modelado por sucesivas glaciaciones, el paisaje es de una belleza espectacular, con fiordos, costas rocosas, acantilados, ríos de fuerte corriente, cascadas...

Red de molinos de Kinderdijk-Elshout

Lugar: Holanda Meridional
País: Países Bajos

ENTRE LAS POBLACIONES DE KINDERDIJK Y ELSHOUT, en la provincia de Holanda Meridional, es posible visitar numerosas instalaciones para el drenaje del agua: diques, embalses, estaciones de bombeo y, sobre todo, un conjunto de molinos de viento cuya construcción se remonta al siglo XVIII.

Hay que recordar que la región de Alblasserwaard, donde estos molinos se ubican, constituye un *pólder*, es decir, un terreno ganado al mar mediante obras de ingeniería. Por ello, no es de extrañar que haya sufrido numerosas y graves inundaciones que, a menudo, se cobraron muchas vidas humanas.

Red de molinos de Kinderdijk-Elshout (Países Bajos)

Centro histórico de Lima

Lugar: Lima
País: Perú

FUNDADA POR EL CONQUISTADOR ESPAÑOL FRANCISCO PIZARRO, en 1535, Lima recibió por primer nombre el de Ciudad de los Reyes. Declarada Patrimonio de la Humanidad en 1988, la Ciudad Vieja de Lima concentra más de 600 monumentos históricos, que dejan testimonio de la opulencia colonial española durante el Virreinato de Perú. Entre ellos, cabe citar la plaza Mayor, el Real Convictorio de San Carlos, la catedral, la plaza de San Martín o el Tribunal de la Santa Inquisición. Destacan, asimismo, otros edificios neocoloniales como el Palacio de Gobierno, la Municipalidad de Lima o el Palacio Arzobispal. La UNESCO amplió su declaración en 1991.

Santuario Histórico de Machu Picchu

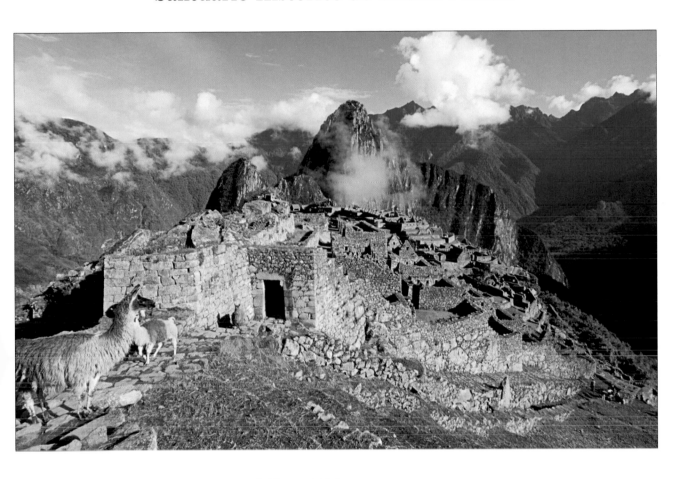

Lugar: Machu Picchu (región de Cusco)
País: Perú

LOCALIZADA EN LA VERTIENTE ESTE DE LOS ANDES CENTRALES, su nombre proviene del quechua *machu pikchu*: «montaña vieja». Este conjunto arquitectónico fue una de las residencias de descanso del primer emperador inca, Pachacútec, que reinó entre 1438 y 1470. Incluye también un claro componente ceremonial, que evidencia su uso como santuario religioso. En esta ciudadela, debió de habitar una población de entre 200 y 300 personas; probablemente gentes de rango o emparentadas con Pachacútec. Entre sus 172 recintos, destacan el Templo del Sol, la residencia real, la zona agrícola, la escalinata de las fuentes o una plaza sagrada.

Machu Picchu (Perú)

Centro histórico de Cracovia

Lugar: Cracovia
País: Polonia

EL CENTRO HISTÓRICO DE LA ANTIGUA CAPITAL DE POLONIA concentra los mejores ejemplos de su arquitectura. En la colina de Wawel, se ubica el Castillo Real de Wawel, residencia de los monarcas entre los siglos XI y XVII. Cerca se encuentra la catedral gótica de San Wenceslao y San Estanislao, del siglo XIV, donde se alberga el Panteón Real. En la ciudad medieval amurallada está la plaza del Mercado (del siglo XIII), la Torre del Ayuntamiento o la iglesia de la Asunción de Nuestra Señora. En el núcleo medieval de Kazimierz destacan las murallas del siglo XIV, la iglesia de Santa Catalina, la del Corpus Christi y la iglesia Na Skalce («sobre la roca»).

Castillo de Malbork

Lugar: Malbork
País: Polonia

La Orden medieval de los Caballeros Teutones construyó esta fortaleza militar en el siglo XIII, alrededor de la cual fue creciendo un núcleo poblacional que originó la ciudad de Malbork. Dicha orden cobraba peajes a los barcos que pasaban por el río Nogat, lo que les permitía dominar el comercio de la piedra de ámbar.

En 1466, Malbork pasó a manos polacas. En el siglo XVIII, fue hogar de los reyes de Polonia y, posteriormente, sirvió incluso como campo de concentración nazi durante la Segunda Guerra Mundial. En ese tiempo, sufrió graves desperfectos, que obligaron a restaurarlo ya en la década de 1970.

De corte gótico e influencia báltica, este castillo es el más grande del mundo construido con ladrillos. Está rodeado de una gran muralla, con numerosas puertas y torres, que acota una superficie de 210.000 metros cuadrados. Llegó a dar cabida hasta a 3.000 soldados. En su interior, pueden visitarse actualmente el refectorio, la cocina, la capilla, los dormitorios y el puesto de guardia. Asimismo, alberga una interesante colección de joyas de ámbar, medallas, porcelana, telas, armas y esculturas.

Monasterio de Batalha

Lugar: Batalha
País: Portugal

ES UNO DE LOS MONUMENTOS MÁS IMPORTANTES DE PORTUGAL, como referente del gótico manuelino que, a partir de esta obra, se extendió por todo el país. Comenzó su construcción hacia 1387 y no finalizó hasta 1517; en ese tiempo, siete reyes distintos supervisaron las obras. El arquitecto de Juan I, Alfonso Domingues, fue el primero en recibir el encargo que pasó, también, por manos de otros quince arquitectos. Batalha incluye gran profusión de chapiteles, pináculos, contrafuertes y frontones. Se erigió para conmemorar la victoria lusa en la batalla de Aljubarrota (1385). Su nombre original es el de Convento de Santa Maria da Vitória.

Centro histórico de Oporto

Lugar: Oporto
País: Portugal

LA HISTORIA DE OPORTO ESTÁ LIGADA AL MAR, de donde proviene su nombre («el puerto»). El comercio marítimo le ha proporcionado una prosperidad económica que se refleja en su paisaje urbano, con más de diez siglos de historia. El centro histórico se ubica en una colina salpicada de iglesias, monasterios y otros edificios civiles de gran valor histórico y arquitectónico. Destacan, entre ellos, el neoclásico Palacio de la Bolsa, del siglo XIX; la iglesia de Santa Clara, de estilo manuelino; la catedral, construida en el siglo XIII; la iglesia de los Clérigos, construida en el siglo XVIII en estilo barroco, y el Puente Dom Luis I

El centro histórico de Oporto fue declarado Patrimonio de la Humanidad por la UNESCO en 1996.

III

MARAVILLAS SINGULARES DEL MUNDO

Calzada del Gigante

Lugar: *Bushmills (condado de Antrim)*
País: *Reino Unido*

EN EL CONDADO DE ANTRIM, unas 40.000 columnas de basalto han generado un paisaje mágico e increíble. Este fenómeno geológico se produce cuando la lava de un cráter o caldera volcánica se enfría de manera relativamente rápida, contrayéndose por el cambio de temperatura. El basalto va creando entonces unos prismas, normalmente hexagonales, que quedan al descubierto con la erosión.

Las columnas que se formaron en este paraje alcanzan hasta 30 metros de altura. Esta fantástica apariencia, originada hace unos 50 o 60 millones de años, ha inspirado leyendas de gigantes y ha dado origen al nombre de la zona. La UNESCO la declaró Patrimonio de la Humanidad en 1986.

Palacio y abadía de Westminster e iglesia de Santa Margarita

Lugar: Londres
País: Reino Unido

EL PALACIO DE WESTMINSTER SE UBICA en la orilla norte del río Támesis. Es de estilo neogótico y constituye una de las mayores atracciones turísticas de Londres, especialmente por su reloj, que alberga la campana denominada «Big Ben». El palacio posee más de mil habitaciones, comedores, bares, gimnasios, bibliotecas, salas de reunión… Entre sus estancias, destacan los Salones de las cámaras de los Lores y de los Comunes. La abadía es una iglesia gótica en la que, tradicionalmente, son coronados los monarcas ingleses; acogen también sus exequias. La iglesia de Santa Margarita fue fundada en el siglo XII por monjes benedictinos.

Ciudad vieja y ciudad nueva de Edimburgo

Lugar: Edimburgo
País: Reino Unido

LA CIUDAD DE EDIMBURGO COMBINA sus históricos monumentos medievales con los edificios neoclásicos, erigidos a partir del siglo XVIII. El castillo de Edimburgo, asentado sobre una roca de origen volcánico, domina el centro de la Ciudad Vieja (*Old Town*), en la que encontramos la Catedral de San Giles, el edificio del Parlamento de Escocia, el Palacio Holyrood o el Real Museo de Escocia. La Ciudad Nueva (*New Town*) es un ejemplo de planificación urbanística, donde destacan la calle Princes Street, el Archivo Nacional de Escocia, la Galería Nacional de Escocia y la Real Academia de Escocia.

Sitio de Palmira

Lugar: cerca de Tadmor
País: Siria

LAS RUINAS DE LO QUE FUE LA CAPITAL DEL IMPERIO DE PALMIRA perduran hasta nuestros días. De su pasado floreciente, y fruto del cruce de varias culturas, aún podemos admirar las ruinas del Templo de Bel (32 d. C.), que es el edificio que mejor se conserva. El eje de la ciudad estaba delimitado por una columnata de más de mil metros, coronada por un pórtico adornado con cariátides, a cuyos lados aún se sostienen el Templo de Nebo; otro templo de uso funerario; el Campamento de Diocleciano, el teatro y el ágora.

A un kilómetro de la ciudad, encontramos el Valle de las Tumbas, entre las cuales destaca la extraordinaria Tumba de los Tres Hermanos, que recoge unos 400 nichos funerarios.

Centro histórico de Praga

Lugar: Praga
País: República Checa

EL CENTRO HISTÓRICO DE PRAGA fue construido entre los siglos XI y XVIII. Praga floreció mucho bajo el reinado de Carlos IV, quien unió los núcleos urbanos con el Puente Carlos e impulsó la creación de la universidad.

El centro histórico está compuesto por la Ciudad Vieja, la Ciudad Nueva y la Ciudad Pequeña. Entre sus construcciones monumentales, destacan el citado Puente Carlos (de 520 metros de longitud), el castillo de Hradcani, el edificio del arzobispado y, por supuesto, la Catedral de San Vito.

Son de estilo renacentista el Palacete de la Estrella, el Palacio de la Familia Schwarzenberg o la Casa del Minuto. De estilo barroco, encontramos la residencia de verano de la familia Sternberken Troja o el Palacio Klam-Gallas.

Centro histórico de Sighişoara

Lugar: Sighişoara
País: Rumania

CIUDAD DE ESTAMPA MEDIEVAL, Sighişoara se ha conservado perfectamente. Es popularmente conocida por ser la ciudad natal de Vlad Draculea Tepes, cuya casa se puede visitar. También merece la pena ver las casas medievales de su ciudadela y la Torre del Reloj, símbolo de la ciudad, que alberga además el Museo de Historia. Su muralla mantiene aún once torres intactas. Las calles están revestidas de adoquines y en ellas destacan la Iglesia Negra de Brasov y la iglesia de la Montaña, de estilo gótico.

La ciudad fue declarada Patrimonio de la Humanidad por la UNESCO en el año 1999.

Centro histórico de Praga (República Checa)

Monumentos medievales en Kosovo

Lugar: región de Kosovo
País: Serbia

CUATRO MONUMENTOS MEDIEVALES han sido declarados Patrimonio de la Humanidad en Kosovo. Son el Monasterio de Visoki Dechani, el Monasterio de Pec, la iglesia de los Santos Apóstoles y la iglesia de la Santa Virgen de Ljevisa. La cultura eclesiástica bizantino-románica plasmó en ellos su influencia mediante, sobre todo, los frescos que adornan sus interiores. El de Dechani es un gran monasterio cristiano ortodoxo dedicado a Cristo Pantocrator; allí se ubica el mausoleo del rey de Serbia, Stefan Decanski. El de Pec contiene cuatro iglesias con cúpula, ornamentadas con pinturas murales. Las iglesias de los Santos Apóstoles y de Ljevisa poseen frescos del siglo XIII y XIV, respectivamente.

MONASTERIO DE GRACANICA

MONASTERIO DE VISOKI DECHANI

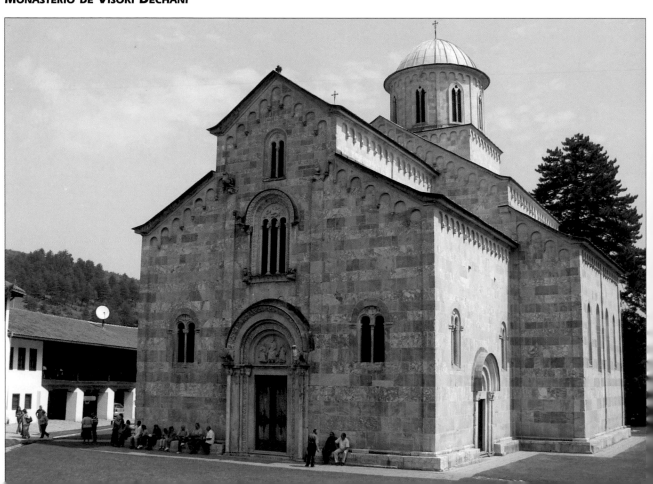

Templo de Oro de Dambulla

Lugar: Templo de Oro de Dambulla
País: Sri Lanka

ES EL TEMPLO EXCAVADO EN UNA CAVERNA MEJOR CONSERVADO y más grande de Sri Lanka. Se encuentra en un promontorio de 160 metros de altura, que está horadado por cuevas. En cinco de ellas se excavó este templo, que alberga 157 estatuas y está repleto de pinturas budistas, a lo largo de una superficie de más de 2.000 metros. La mayoría de las estatuas datan del siglo XII y están dedicadas a Buda y su vida, aunque tres de ellas son de reyes, y cuatro de otros dioses y diosas. En las cuevas se han encontrado restos que atestiguan la presencia de asentamientos humanos antes de la llegada del budismo a la isla.

Ciudad vieja de Berna

Lugar: Berna
País: Suiza

LA CIUDAD VIEJA DE BERNA ES UN IMPORTANTE TESTIMONIO DE la arquitectura medieval. Fue fundada en 1191 por el duque Berchtold V y, en 1218, paso a ser una ciudad libre, ampliando su territorio urbano. Sufrió un grave incendio en 1405 y fue reconstruida después. En el siglo XVIII, vivió sus momentos de mayor esplendor. Entre sus edificios, destacan la Torre del Reloj, del siglo XII; la colegiata, de estilo gótico tardío suizo; las arquerías comerciales, del siglo XV; y sus numerosas fuentes, decoradas con figuras alegóricas y repartidas por toda la ciudad. La piedra tallada de los edificios, los soportales, los campanarios, los tejados con tragaluces… todo en el ambiente transporta al visitante a la época medieval.

Parque Nacional de Serengueti

Lugar: Serengueti
País: República Unida de Tanzania

EL SERENGUETI ES MUNDIALMENTE CONOCIDO por las migraciones masivas de casi dos millones de ñus que, cada año, llegan al parque para alimentarse y criar, hasta que tienen que emigrar al norte en busca de comida. El parque, de 13.000 metros cuadrados, alberga también a otros grandes mamíferos que habitan las inmensas llanuras de sabana. Jirafas, leones de melena negra, impalas, leopardos, buitres… más de cincuenta especies animales conviven en el Serengueti. Herbívoros y predadores cumplen, cada día, con el ciclo de la vida en la naturaleza africana más salvaje.

Mezquita Azul (Estambul, Turquía)

Zonas históricas de Estambul

Lugar: Estambul
País: Turquía

ESTAMBUL, LA ANTIGUA BIZANCIO, ha acogido numerosas civilizaciones que la han convertido en un marco incomparable de manifestaciones culturales diversas. La ciudad vieja se encuentra en el estuario denominado el Cuerno de Oro y acoge, entre otros grandes edificios, la iglesia de la Divina Sabiduría (Santa Sofía), construida en el siglo VI y una de las obras más representativas del arte bizantino.

Además, hay que citar otras construcciones como la Mezquita de Arap (gótica), el Palacio de Dolmabahce, la Torre de Gálata (del siglo XIV), la Mezquita de Süleymaniye (del siglo XVI), el Palacio Topkapi (del siglo XV) y el antiguo hipódromo de Constantino.

PALACIO TOPKAPI

IGLESIA DE SANTA SOFÍA

Ciudad del Vaticano

Lugar: Ciudad del Vaticano (Roma)
País: Vaticano

LA CIUDAD-ESTADO DEL VATICANO, que alberga la Santa Sede, es para la cristiandad el lugar sagrado por antonomasia. Su máxima autoridad y jefe del Estado es el Sumo Pontífice.

En sus escasas 44 hectáreas, habitan unas 900 personas que conviven con algunas de las construcciones y obras de arte más bellas del mundo. Por ejemplo, la basílica de San Pedro, la plaza de San Pedro, la Capilla Sixtina y los museos vaticanos (Museo Gregoriano de arte egipcio y de arte etrusco, Museo Pío Clementino, Museo Chiaramonti y Pinacoteca Vaticana). Además, el Vaticano alberga obras de artistas como Miguel Ángel, Bramante o Bernini.

Plaza de San Pedro (Ciudad del Vaticano)

OTRAS GRANDES
MARAVILLAS DEL MUNDO

EN LAS PÁGINAS ANTERIORES
SE HAN MOSTRADO ALGUNOS DE LOS
EXPONENTES MÁS BELLOS DEL PATRIMONIO DE
LA HUMANIDAD. EN ESTE CAPÍTULO OFRECEMOS
UN LISTADO EXHAUSTIVO DE TODOS ELLOS.
AÚN NOS QUEDARÍAN OTRAS MARAVILLAS DEL
MUNDO POR INCLUIR, PERO LAS QUE AQUÍ SE
RESEÑAN REPRESENTAN A UN GRAN NÚMERO DE
PAÍSES Y SON, SIN DUDA, LAS MÁS IMPORTANTES
DE NUESTRO TIEMPO.

IZQUIERDA: LA GIRALDA DE SEVILLA (ESPAÑA)
ARRIBA: MOSAICO ROMANO DEL SIGLO III A. C. QUE REPRESENTA A ULISES

Afganistán

NOMBRE	AÑO
• Minarete y vestigios arqueológicos de Jam	2002
• Paisaje cultural y vestigios arqueológicos del Valle de Bamiyán	2003

Albania

NOMBRE	AÑO
• Butrinto	1992, 1999
• Ciudad-museo de Gjirokastra	2005, 2008

Catedral de Aquisgrán (Alemania)

Alemania

NOMBRE	AÑO
• Catedral de Aquisgrán	1978
• Catedral de Spira	1981
• Residencia de Wurzburgo, jardines de la corte y plaza de la Residencia	1981
• Iglesia de peregrinación de Wies	1983
• Castillos de Augustusburg y Falkenlust en Brühl	1984
• Catedral de Santa María e iglesia de San Miguel de Hildesheim	1985
• Tréveris: monumentos romanos, catedral de San Pedro e iglesia de Nuestra Señora	1986
• Ciudad hanseática de Lübeck	1987
• Fronteras del Imperio romano	1987, 2005, 2008
• Palacios y parques de Potsdam y Berlín	1990, 1992, 1999
• Abadía y Altenmüscher de Lorsch	1991
• Minas de Rammelsberg y ciudad histórica de Goslar	1992
• Ciudad de Bamberg	1993
• Monasterio de Maulbronn	1993
• Colegiata, castillo y ciudad de Quedlinburgo	1994
• Fábrica siderúrgica de Völklingen	1994
• Sitio fosilífero de Messel	1995
• Catedral de Colonia	1996
• La Bauhaus y sus sitios en Weimar y Dessau	1996
• Monumentos conmemorativos de Lutero en Eisleben y Wittenberg	1996
• Weimar clásica	1998
• Fortaleza de Wartburgo	1999
• Museumsinsel (Isla de los Museos), en Berlín	1999
• El Reino de los Jardines de Dessau-Wörlitz	2000
• Isla monástica de Reichenau 2000	2000
• Complejo industrial de la mina de carbón de Zollverein, en Essen	2001
• Centros históricos de Stralsund y Wismar	2002
• Valle del curso medio del Alto Rin	2002

Porta Nigra, en Tréveris (Alemania)

Fábrica siderúrgica de Völklingen (Alemania)

Alemania (continuación)

NOMBRE	AÑO

- Ayuntamiento y estatua de Rolando en la plaza del mercado de Bremen — 2004
- Parque Muskau / Parque Muzakowski — 2004
- Centro histórico de Ratisbona y Stadtamhof — 2006
- Bloques de viviendas modernistas de Berlín — 2008
- Mar de las Wadden — 2009

Andorra

NOMBRE	AÑO

- Valle del Madriu-Perafita-Claror — 2002

Arabia Saudita

NOMBRE	AÑO

- Sitio arqueológico de Al Hijr-Madain Salih — 2008

Argelia

NOMBRE	AÑO

- Alâa de los Béni-Hammad — 1980
- Tasili n'Ajer — 1982
- Timgad — 1982
- Tipasa — 1982
- Valle del M'Zab — 1982
- Yemila — 1982
- *Casba* de Argel — 1992

Viviendas modernistas en Berlín (Alemania)

Argentina

NOMBRE	AÑO

- Parque Nacional Los Glaciares — 1981
- Misiones jesuíticas de los guaraníes: San Ignacio Miní, Santa Ana, Nuestra Señora de Loreto y Santa María la Mayor (Argentina), ruinas de Sao Miguel das Missoes (Brasil) — 1983, 1984
- Parque Nacional del Iguazú — 1984
- Cueva de las Manos del río Pinturas — 1999
- Península Valdés — 1999
- Manzana y estancias jesuíticas de Córdoba — 2000
- Parques naturales de Ischigualasto / Talampaya — 2000

Parque Nacional Los Glaciares (Argentina)

Argentina (continuación)

NOMBRE	AÑO
• Quebrada de Humahuaca	2003

Armenia

NOMBRE	AÑO
• Monasterios de Haghpat y Sanahin	1996, 2000
• Catedral e iglesias de Echmiatsin y sitio arqueológico de Zvarnotz	2000
• Monasterio de Geghard y valle alto del Azat	2000

Monasterios de Haghpat y Sanahin (Armenia)

Australia

NOMBRE	AÑO
• La Gran Barrera	1981
• Parque Nacional de Kakadu	1981, 1987, 1992
• Región de los lagos Willandra	1981
• Islas de Lord Howe	1982
• Zona de naturaleza salvaje de Tasmania	1982, 1989
• Bosques lluviosos del Gondwana de Australia	1986, 1994
• Parque Nacional de Uluru-Kata Tjuta	1987, 1994
• Trópicos húmedos de Queensland	1988
• Bahía Shark (Australia Occidental)	1991
• Isla Fraser	1992
• Sitios fosilíferos de mamíferos de Australia (Riversleigh-Naracoorte)	1994
• Isla Macquarie	1997
• Islas Heard y McDonald	1997
• Región de las Montañas Azules	2000
• Parque Nacional de Purnululu	2003
• Palacio Real de Exposiciones y Jardines Carlton	2004
• Ópera de Sidney	2007

Palacio Real de Exposiciones en Melbourne (Australia)

Austria

NOMBRE	AÑO
• Centro histórico de Salzburgo	1996
• Palacio y jardines de Schönbrunn	1996
• Paisaje cultural de Hallstatt-Dachstein / Salzkammergut	1997
• Línea de ferrocarril de Semmering	1998
• Centro histórico de la ciudad de Graz	1999
• Paisaje cultural de la Wachau	2000
• Centro histórico de Viena	2001
• Paisaje cultural de Fertö / Neusiedlersee	2001

Centro histórico de la ciudad de Graz (Austria)

Azerbaiyán

NOMBRE	AÑO
• Paisaje cultural de arte rupestre de Gobustán	2007
• Ciudad amurallada de Bakú, palacio de los shas de Shirvan y Torre de la Virgen	2000

Murallas de Bakú (Azerbaiyán)

Bahréin

NOMBRE	AÑO
• Qal'at Al Bahrein, antiguo puerto y capital de Dilmun	2005

Bangladesh

NOMBRE	AÑO
• Ciudad-mezquita histórica de Bagerhat	1985
• Ruinas del vihara búdico de Paharpur	1985
• Los Sundarbans	1997

Bélgica

NOMBRE	AÑO
• Béguinages flamencos	1998
• Los cuatro elevadores del Canal del Centro y sus alrededores, La Louvière y Le Roeulx (Hainault)	1998
• Plaza Mayor de Bruselas	1998
• Campanarios municipales de Bélgica y Francia	1999, 2005
• Casas principales del arquitecto Victor Horta Bruselas	2000
• Catedral de Nuestra Señora de Tournai	2000
• Centro histórico de Brujas	2000
• Minas neolíticas de sílex de Spiennes (Mons)	2000
• Casa, talleres y museo Plantin-Moretus	2005
• Palacio Stoclet	2009

Plaza Mayor de Bruselas (Bélgica)

Belice

NOMBRE	AÑO
• Red de reservas del arrecife de barrera de Belice	1996

Palacio Stoclet de Bruselas (Bélgica)

Benín

NOMBRE	AÑO
• Palacios reales de Abomey	1985

Bielorrusia

NOMBRE	AÑO
• Bosque de Belovezhskaya Pushcha / Białowieża	1979, 1992
• Conjunto del Castillo de Mir	2000
• Arco geodésico de Struve	2005
• Conjunto arquitectónico, residencial y cultural de la familia Radziwill en Nesvizh	2005

Bolivia, Estado Plurinacional de

NOMBRE	AÑO
• Ciudad de Potosí	1987
• Misiones jesuíticas de Chiquitos	1990
• Ciudad histórica de Sucre	1991
• Fuerte de Samaipata	1998
• Parque Nacional Noel Kempff Mercado	2000
• Tihuanaco: centro espiritual y político de la cultura tihuanaco	2000

Bosnia y Herzegovina

NOMBRE	AÑO
• Barrio del Puente Viejo en el centro histórico de Mostar	2005
• Puente de Mehmed Paša Sokolovic en Višegrad	2007

Castillo de Mir (Bielorrusia)

Botsuana

NOMBRE	AÑO
• Tsodilo	2001

Brasil

NOMBRE	AÑO
• Ciudad histórica de Ouro Preto	1980
• Centro histórico de la ciudad de Olinda	1982
• Misiones jesuíticas de los guaraníes: San Ignacio Miní, Santa Ana, Nuestra Señora de Loreto y Santa María la Mayor (Argentina), ruinas de Sao Miguel das Missoes (Brasil)	1983, 1984
• Centro histórico de San Salvador de Bahía	1985
• Santuario del Buen Jesús de Congonhas	1985

Ciudad de Olinda (Brasil)

Brasil (continuación)

NOMBRE	AÑO
• Parque Nacional del Iguazú	1986
• Brasilia	1987
• Parque Nacional de la Sierra de Capivara	1991
• Centro histórico de Sao Luis	1997
• Bosque atlántico-Reserva del sudeste	1999
• Centro histórico de Diamantina	1999
• Costa del Descubrimiento-Reservas de bosque atlántico	1999
• Complejo de conservación de la Amazonia Central	2000, 2003
• Zona de conservación del Pantanal	2000
• Centro histórico de la ciudad de Goiás	2001
• Islas atlánticas brasileñas-Reservas de Fernando de Noronha y Atolón de las Rocas	2001
• Zonas protegidas del Cerrado-Parques nacionales de Chapada dos Veadeiros y las Emas	2001

Ciudad de Diamantina (Brasil)

Bulgaria

NOMBRE	AÑO
• El Caballero de Madara	1979
• Iglesia de Boyana	1979
• Iglesias rupestres de Ivanovo	1979
• Tumba tracia de Kazanlak	1979
• Antigua ciudad de Nessebar	1983
• Monasterio de Rila	1983
• Parque Nacional de Pirin	1983
• Reserva Natural de Srebarna	1983
• Tumba tracia de Svestari	1985

Burkina Faso

NOMBRE	AÑO
• Ruinas de Loropeni	2009

Antigua ciudad de Nessebar (Bulgaria)

Cabo Verde

NOMBRE	AÑO
• Cidade Velha, centro histórico de Ribeira Grande	2009

Construcción nativa en Cidade Velha (Cabo Verde)

Camboya

NOMBRE	AÑO
• Angkor	1992
• Sitio sagrado del templo de Preah Vihear	2008

Camerún

NOMBRE	AÑO
• Reserva de fauna de Dja	1987

Canadá

NOMBRE	AÑO
• Parque Nacional del Nahanni	1978
• Sitio histórico nacional de l Anse aux Meadows	1978
• Kluane / Wrangell-St. Elias / Bahía de los Glaciares / Tatshenshini-Alsek	1979, 1992, 1994
• Parque Provincial de los Dinosaurios	1979
• Despeñadero de bisontes Head-Smashed-In	1981
• SGang Gwaay	1981
• Parque Nacional de Wood Buffalo	1983
• Parques de las Montañas Rocosas Canadienses	1984, 1990
• Distrito histórico del antiguo Quebec	1985
• Parque Nacional de Gros-Morne	1987
• Ciudad vieja de Lunenburgo	1995
• Parque Internacional de la Paz Waterton-Glacier	1995
• Parque Nacional de Miguasha	1999
• Canal Rideau	2007
• Acantilados fosilíferos de Joggins	2008

Ciudad minera de Sewell (Chile)

Chile

NOMBRE	AÑO
• Parque Nacional de Rapa Nui	1995
• Iglesias de Chiloé	2000
• Barrio histórico de la ciudad portuaria de Valparaíso	2003
• Oficinas salitreras de Humberstone y Santa Laura	2005
• Ciudad minera de Sewell	2006

NOMBRE	AÑO

- Grutas de Mogao — 1987
- La Gran Muralla — 1987
- Mausoleo del primer emperador Qin — 1987
- Monte Taishan — 1987
- Palacios imperiales de las dinastías Ming — 1987, 2004
  y Qing en Pekín y Shenyang
- Sitio del hombre de Pekín en Zhukudian — 1987
- Monte Huangshan — 1990
- Región de interés panorámico e histórico de Huanglong — 1992
- Región de interés panorámico e histórico de Wulingyuan — 1992
- Región de interés panorámico e histórico — 1992
  del Valle de Jiuzhaigu
- Conjunto de edificios antiguos de las montañas — 1994
  de Wudang
- Conjunto histórico del Palacio del — 1994, 2000, 2001
  Potala en Lhassa
- Residencia de montaña y templos vecinos en Chengde — 1994
- Templo y cementerio de Confucio y residencia — 1994
  de la familia Kong en Qufu
- Paisaje panorámico del Monte Emei y — 1996
  Gran Buda de Leshan
- Parque Nacional de Lushan — 1996
- Ciudad vieja de Lijiang — 1997
- Ciudad vieja de Ping Yao — 1997
- Jardines clásicos de Suzhu — 1997, 2000
- Palacio de verano y jardín imperial de Pekín — 1998
- Templo del Cielo, altar imperial de sacrificios en Pekín — 1998
- Esculturas rupestres de Dazu — 1999
- Monte Wuyi — 1999
- Antiguas aldeas del sur de la provincia de — 2000
  Anhui-Xidi y Hongcun
- Grutas de Longmen — 2000
- Monte Qingcheng y sistema de — 2000
  irrigación de Dujiangyan
- Tumbas imperiales de las dinastías — 2000, 2003, 2004
  Ming y Qing
- Grutas de Yungang — 2001
- Zonas protegidas del Parque de los — 2003
  Tres Ríos Paralelos de Yunnan
- Capitales y tumbas del antiguo reino Koguryo — 2004
- Centro histórico de Macao — 2005
- Santuarios del panda gigante de Sichuan — 2006
- Yin Xu — 2006
- Diaolou y aldeas de Kaiping — 2007
- Karst de la China Meridional — 2007
- Parque Nacional del Monte Sanqingshan — 2008
- Tulou de Fujian — 2008
- Monte Wutai — 2009

Puerta del Templo del Cielo en Pekín

La Vía de las Almas, en el conjunto de las Tumbas
imperiales de las dinastías Ming y Qing

Chipre

NOMBRE	AÑO
• Pafos	1980
• Iglesias pintadas de la región de Troodos	1985, 2001
• Choirokoitia	1998

Colombia

NOMBRE	AÑO
• Puerto, fortalezas y conjunto monumental de Cartagena	1984
• Parque Nacional de los Katios	1994
• Centro histórico de Santa Cruz de Mompox	1995
• Parque arqueológico de San Agustín	1995
• Parque Arqueológico Nacional de Tierradentro	1995
• Santuario de fauna y flora de Malpelo	2006

Costa Rica

NOMBRE	AÑO
• Reservas de la Cordillera de Talamanca-La Amistad / Parque Nacional de la Amistad	1983, 1990
• Parque Nacional de la Isla del Coco	1997, 2002
• Zona de conservación de Guanacaste	1999, 2004

Iglesia de Santa Bárbara,
en Santa Cruz de Mompox (Colombia)

Costa de Marfil

NOMBRE	AÑO
• Reserva Natural integral del Monte Nimba	1981, 1982
• Parque Nacional de Tai	1982
• Parque Nacional de Comoé	1983

Croacia

NOMBRE	AÑO
• Ciudad vieja de Dubrovnik	1979, 1994
• Núcleo histórico de Split con el Palacio de Diocleciano	1979
• Parque Nacional de Plitvice	1979, 2000
• Ciudad histórica de Trogir	1997
• Conjunto episcopal de la Basílica Eufrasiana en el centro histórico de Poreč	1997
• Catedral de Santiago de Šibenik	2000
• La llanura de Stari Grad	2008

Mosaicos del ábside de la Basílica Eufrasiana
en Porec (Croacia)

Cuba

NOMBRE	AÑO
• Ciudad vieja de La Habana y su sistema de fortificaciones	1982
• Trinidad y Valle de los Ingenios	1988
• Castillo de San Pedro de la Roca en Santiago de Cuba	1997
• Parque Nacional del Desembarco del Granma	1999
• Valle de Viñales	1999
• Paisaje arqueológico de las primeras plantaciones de café en el sudeste de Cuba	2000
• Parque Nacional Alejandro de Humboldt	2001
• Centro histórico urbano de Cienfuegos	2005
• Centro histórico de Camagüey	2008

Cienfuegos (Cuba)

Dinamarca

NOMBRE	AÑO
• Túmulos, piedras rúnicas e iglesia de Jelling	1994
• Catedral de Roskilde	1995
• Castillo de Kronborg	2000
• Fiordo helado de Ilulissat	2004

Dominica

NOMBRE	AÑO
• Parque Nacional de Morne Trois Pitons	1997

Ecuador

NOMBRE	AÑO
• Islas Galápagos	1978, 2001
• Ciudad de Quito	1978
• Parque Nacional Sangay	1983
• Centro histórico de Santa Ana de los Ríos de Cuenca	1999

Egipto

NOMBRE	AÑO
• Abu Mena	1979
• Antigua Tebas y su necrópolis	1979
• El Cairo histórico	1979
• Menfis y su necrópolis: zonas de las pirámides desde Guiza hasta Dahshur	1979
• Monumentos de Nubia, desde Abu Simbel hasta Philae	1979

Abu Simbel, en Nubia (Egipto)

Egipto (continuación)

NOMBRE	AÑO
• Zona de Santa Catalina	2002
• Uadi Al Hitan (El Valle de las Ballenas)	2005

El Salvador

NOMBRE	AÑO
• Sitio arqueológico de Joya de Cerén	1993

Eslovaquia

NOMBRE	AÑO
• Ciudad histórica de Banská Štiavnica y monumentos técnicos de sus alrededores	1993
• Levoča, Spisský Hrad y monumentos culturales anejos	1993, 2009
• Vlkolínec	1993
• Grutas del karst de Aggtelek y del karst de Eslovaquia	1995, 2000
• Reserva de conservación de la ciudad de Bardejov	2000
• Bosques primarios de hayas de los Cárpatos	2007
• Iglesias de madera de la parte eslovaca de los Cárpatos	2008

Eslovenia

NOMBRE	AÑO
• Grutas de Škocjan	1986

España

NOMBRE	AÑO
• Alhambra, Generalife y Albaicín de Granada	1984, 1994
• Catedral de Burgos	1984
• Centro histórico de Córdoba	1984, 1994
• Monasterio y sitio de El Escorial en Madrid	1984
• Obras de Antoni Gaudí	1984, 2005
• Ciudad vieja de Ávila e iglesias extramuros	1985
• Ciudad vieja de Santiago de Compostela	1985
• Ciudad vieja y acueducto de Segovia	1985
• Cuevas de Altamira	1985, 2008
• Monumentos de Oviedo y del Reino de Asturias	1985, 1998
• Arquitectura mudéjar de Aragón	1986, 2001
• Ciudad histórica de Toledo	1986

Mezquita de Alabastro en El Cairo (Egipto)

Grutas de Škocjan (Eslovenia)

España (continuación)

NOMBRE	AÑO
• Ciudad vieja de Cáceres	1986
• Parque Nacional de Garajonay	1986
• Catedral, alcázar y Archivo de Indias de Sevilla	1987
• Ciudad vieja de Salamanca	1988
• Monasterio de Poblet	1991
• Camino de Santiago de Compostela	1993
• Conjunto arqueológico de Mérida	1993
• Real Monasterio de Santa María de Guadalupe	1993
• Parque Nacional de Doñana	1994, 2005
• Ciudad histórica fortificada de Cuenca	1996
• Lonja de la seda de Valencia	1996
• Las Médulas	1997
• Monasterios de San Millán de Yuso y de Suso	1997
• Palau de la Música Catalana y hospital de Sant Pau en Barcelona	1997
• Pirineos-Monte Perdido	1997, 1999
• Arte rupestre del arco mediterráneo de la Península Ibérica	1998
• Universidad y barrio histórico de Alcalá de Henares	1998
• Ibiza, biodiversidad y cultura	1999
• San Cristóbal de la Laguna	1999
• Conjunto arqueológico de Tarragona	2000
• Iglesias románicas catalanas de Vall del Boí	2000
• Muralla romana de Lugo	2000
• Palmeral de Elche	2000
• Sitio arqueológico de Atapuerca	2000
• Paisaje cultural de Aranjuez	2001
• Conjuntos monumentales renacentistas de Úbeda y Baeza	2003
• Puente de Vizcaya	2006
• Parque Nacional del Teide	2007
• Torre de Hércules	2009

Casas colgadas de Cuenca (España)

Estados Unidos de América

NOMBRE	AÑO
• Parque Nacional de Mesa Verde	1978
• Parque Nacional de Yellowstone	1978
• Independence Hall	1979
• Kluane / Wrangell-St. Elias / Bahía de los Glaciares / Tatshenshini-Alsek	1979, 1992, 1994
• Parque Nacional de Everglades	1979
• Parque Nacional del Gran Cañón	1979
• Parque Nacional y parques estatales de Redwood	1980
• Parque Nacional de Mammoth Cave	1981
• Parque Nacional Olímpico	1981
• Sitio histórico estatal de Cahokia Mounds	1982

Parque Nacional del Gran Cañón (EE UU)

NOMBRE	AÑO
• Fortaleza y sitio histórico nacional de San Juan de Puerto Rico	1983
• Parque Nacional de Great Smoky Mountains	1983
• Estatua de la Libertad	1984
• Parque Nacional de Yosemite	1984
• Cultura chaco	1987
• Monticello y la Universidad de Virginia en Charlottesville	1987
• Parque Nacional de los Volcanes de Hawai	1987
• Pueblo de Taos	1992
• Parque Internacional de la Paz Waterton-Glacier	1995
• Parque Nacional de las Cuevas de Carlsbad	1995

Pueblo de Taos, en Nuevo México (EE UU)

Estonia

NOMBRE	AÑO
• Centro histórico (ciudad vieja) de Tallin	1997
• Arco geodésico de Struve	2005

Etiopía

NOMBRE	AÑO
• Parque Nacional de Simien	1978
• Iglesias excavadas en la roca de Lalibela	1978
• Fasil Ghebi-Región de Gondar	1979
• Axum	1980
• Tiya	1980
• Valle bajo del Awash	1980
• Valle bajo del Omo	1980
• Muralla o jugol de Harrar, ciudad histórica fortificada	2006

Federación de Rusia

NOMBRE	AÑO
• Centro histórico de San Petersburgo y conjuntos monumentales anejos	1990
• El Kremlin y la Plaza Roja de Moscú	1990
• Kizhi Pogost	1990
• Conjunto histórico, cultural y natural de las Islas Solovetsky	1992
• Monumentos de Vladimir y Suzdal	1992
• Monumentos históricos de Novgorod y sus alrededores	1992
• Conjunto arquitectónico de la *laura* de la Trinidad y San Sergio en Sergiev Posad	1993
• Iglesia de la Ascensión de Kolomenskoye	1994

Iglesia de la Ascensión de Kolomenskoye (Rusia)

NOMBRE	AÑO
• Bosques vírgenes de Komi	1995
• Lago Baikal	1996
• Volcanes de Kamchatka	1996, 2001
• Montañas Doradas del Altai	1998
• Cáucaso Occidental	1999
• Conjunto del monasterio de Ferapontov	2000
• Conjunto histórico y arquitectónico del kremlin de Kazán	2000
• Istmo de Curlandia	2000
• Sikhote-Alin Central	2001
• Ciudadela, ciudad vieja y fortaleza de Derbent	2003
• Cuenca de Ubs Nuur	2003
• Conjunto conventual de Novodevichy	2004
• Sistema natural de la reserva de la Isla de Wrangel	2004
• Arco geodésico de Struve	2005
• Centro histórico de la ciudad de Yaroslavl	2005

Montañas Doradas del Altai (Rusia)

Filipinas

NOMBRE	AÑO
• Iglesias barrocas de Filipinas	1993
• Parque Natural de los Arrecifes de Tubbataha	1993, 2009
• Arrozales en terrazas de las cordilleras de Filipinas	1995
• Ciudad histórica de Vigan	1999
• Parque Nacional del río subterráneo de Puerto Princesa	1999

Finlandia

NOMBRE	AÑO
• Antigua Rauma	1991
• Fortaleza de Suomenlinna	1991
• Iglesia vieja de Petäjävesi	1994
• Fábrica de tratamiento de madera y cartón de Verla	1996
• Sitio funerario de la Edad del Bronce de Sammallahdenmäki	1999
• Costa Alta / Archipiélago Kvarken	2000, 2006
• Arco geodésico de Struve	2005

Ciudad histórica de Vigan (Filipinas)

Iglesia vieja de Petäjävesi (Finlandia)

NOMBRE	AÑO

- Basílica y colina de Vézelay — 1979
- Catedral de Chartres — 1979
- El Monte Saint Michel y su bahía — 1979
- Palacio y parque de Versalles — 1979
- Sitios prehistóricos y cuevas con pinturas del Valle del Vézère — 1979
- Abadía cisterciense de Fontenay — 1981
- Catedral de Amiens — 1981
- Monumentos romanos y románicos de Arles — 1981
- Palacio y parque de Fontainebleau — 1981
- Teatro romano y sus alrededores y Arco del Triunfo de Orange — 1981
- De la gran salina de Salins-les-Bains a la Salina Real de Arc-et-Senans. La producción de sal ignígena — 1982, 2009
- Golfo de Porto: cala de Piana, golfo de Girolata y Reserva de Scandola — 1983
- Iglesia abacial de Saint-Savin-sur-Gartempe — 1983
- Plaza Stanislas, plaza de la Carrière y plaza de la Alliance en Nancy — 1983
- Puente del Gard — 1985
- Estrasburgo-Gran Isla — 1988
- Catedral de Notre-Dame, antigua abadía de Saint-Remi y Palacio de Tau en Reims — 1991
- París (orillas del Sena) — 1991
- Catedral de Bourges — 1992
- Centro histórico de Aviñón: Palacio de los Papas, conjunto episcopal y Puente de Aviñón — 1995
- Canal del Midi — 1996
- Ciudad fortificada histórica de Carcasona — 1997
- Pirineos-Monte Perdido — 1997, 1999
- Caminos de Santiago de Compostela en Francia — 1998
- Sitio histórico de Lyon — 1998
- Campanarios municipales de Bélgica y Francia — 1999, 2005
- Jurisdicción de Saint-Emilion — 1999
- Valle del Loira entre Sully-sur-Loire y Chalonnes — 2000
- Provins, ciudad de ferias medieval — 2001
- Le Havre. Ciudad reconstruida por Auguste Perret — 2005
- Centro histórico de Burdeos-Puerto de la Luna — 2007
- Fortificaciones de Vauban — 2008
- Lagunas de Nueva Caledonia: diversidad de los arrecifes y ecosistemas conexos — 2008

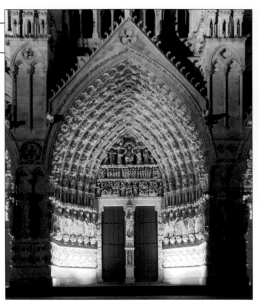

Catedral de Amiens (Francia)

Claustro del Palacio de los Papas, en Aviñón (Francia)

Gabón

NOMBRE	AÑO

- Ecosistema y paisaje cultural arcaico de Lopé-Okanda — 2007

Gambia

NOMBRE	AÑO
• Isla James y sitios anejos	2003
• Círculos megalíticos de Senegambia	2006

Georgia

NOMBRE	AÑO
• Monumentos históricos de Mtskheta	1994
• Catedral de Bagrati y monasterio de Ghelati	1994
• Alto Svaneti	1996

Catedral de Bagrati (Georgia)

Ghana

NOMBRE	AÑO
• Fuertes y castillos de Volta, de Accra y sus alrededores	1979
• Edificios *ashanti* tradicionales	1980

Grecia

NOMBRE	AÑO
• Templo de Apolo Epicuro en Bassae	1986
• Acrópolis de Atenas	1987
• Sitio arqueológico de Delfos	1987
• Ciudad medieval de Rodas	1988
• Meteoros	1988
• Monte Atos	1988
• Monumentos paleocristianos y bizantinos de Tesalónica	1988
• Santuario de Esculapio en Epidauro	1988
• Sitio arqueológico de Mistras	1989
• Sitio arqueológico de Olimpia	1989
• Delos	1990
• Monasterios de Dafni, Osios Lukas y Nea Moni de Quíos	1990
• Pitagoreion y Hereo de Samos	1992
• Sitio arqueológico de Aigai	1996
• Centro histórico (Chorá) con el Monasterio de San Juan el Teólogo y la Gruta del Apocalipsis en la isla de Patmos	1999
• Sitios arqueológicos de Micenas y Tirinto	1999
• Ciudad vieja de Corfú	2007

Delfos (Grecia)

Guatemala

NOMBRE	AÑO
• Ciudad de Antigua	1979
• Parque Nacional de Tikal	1979
• Parque arqueológico y ruinas de Quiriguá	1981

Guinea

NOMBRE	AÑO
• Reserva Natural integral del Monte Nimba	1981, 1982

Haití

NOMBRE	AÑO
• Parque Histórico Nacional-Ciudadela, Sans Souci y Ramiers	1982

Templo en el Parque Nacional de Tikal (Guatemala)

Honduras

NOMBRE	AÑO
• Sitio maya de Copán	1980
• Reserva de biosfera de Río Plátano	1982

Hungría

NOMBRE	AÑO
• Aldea antigua de Hollókö y sus alrededores	1987
• Budapest: orillas del Danubio, barrio del Castillo de Buda y la avenida Andrássy	1987, 2002
• Grutas del karst de Aggtelek y del karst de Eslovaquia	1995, 2000
• Abadía milenaria benedictina de Pannonhalma y su entorno natural	1996
• Parque Nacional del Hortobágy-La puszta	1999
• Necrópolis paleocristiana de Pécs Sopianae	2000
• Paisaje cultural de Fertö/Neusiedlersee	2001
• Paisaje cultural histórico de la región vitivinícola de Tokay	2002

Restos mayas en Copán (Honduras)

Grutas del karst de Aggtelek (Hungría)

India

NOMBRE	AÑO
• Fuerte de Agra	1983
• Grutas de Ajanta	1983
• Grutas de Ellora	1983
• Taj Mahal	1983
• Conjunto de monumentos de Mahabalipuram	1984
• Templo del Sol en Konârak	1984
• Santuario de fauna de Manas	1985
• Parque Nacional de Kaziranga	1985
• Parque Nacional de Keoloadeo	1985
• Conjunto monumental de Hampi	1986
• Conjunto monumental de Khajuraho	1986
• Fatehpur Sikri	1986
• Iglesias y conventos de Goa	1986
• Conjunto monumental de Pattadakal	1987
• Grandes templos vivientes *cholas*	1987, 2004
• Grutas de Elefanta	1987
• Parque Nacional de los Sundarbans	1987
• Parques nacionales de Nanda Devi y el Valle de las Flores	1988, 2005
• Monumentos budistas de Sanchi	1989
• Qutb Minar y sus monumentos, en Delhi	1993
• Tumba de Humayun Delhi	1993
• Ferrocarriles de montaña indios	1999, 2005, 2008
• Conjunto del Templo de Mahabodhi en Bodhgaya	2002
• Refugios rupestres de Bhimbetka	2003
• Chhatrapati Shivaji (ex Estación Victoria)	2004
• Parque arqueológico de Champaner-Pavagadh	2004
• Conjunto del Fuerte Rojo	2007

Una de las 24 ruedas del Templo del Sol, en Konarak (India)

Conjunto monumental de Pattadakal (India)

Indonesia

NOMBRE	AÑO
• Conjunto de Borobudur	1991
• Conjunto de Prambanan	1991
• Parque Nacional de Komodo	1991
• Parque Nacional de Ujung Kulon	1991
• Sitio de los Primeros Hombres, en Sangiran	1996
• Parque Nacional de Lorentz	1999
• Patrimonio de los bosques lluviosos tropicales de Sumatra	2004

Irán, República Islámica de

NOMBRE	AÑO
• Meidan Emam Ispahán	1979
• Persépolis	1979
• Tchogha Zanbil	1979
• Takht-e Sulaiman	2003

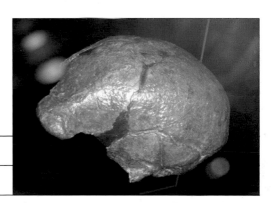

Cráneo del yacimiento de Sangiran (Indonesia)

Irán, República Islámica de (continuación)

NOMBRE	AÑO
• Bam y su paisaje cultural	2004
• Pasargadas	2004
• Soltaniyeh	2005
• Behistún	2006
• Conjuntos monásticos armenios de Irán	2008
• Sistema hidráulico histórico de Shushtar	2009

Iraq, República de

NOMBRE	AÑO
• Hatra	1985
• Asur (Qal'at Sherqat)	2003
• Ciudad arqueológica de Samarra	2007

Bajorrelieve con inscripciones en Behistún (Irán)

Irlanda

NOMBRE	AÑO
• Conjunto arqueológico del valle del Boyne	1993
• Skellig Michael	1996

Islandia, República de

NOMBRE	AÑO
• Parque Nacional de Þingvellir	2004
• Surtsey	2008

Islas Salomón

NOMBRE	AÑO
• Rennell Este	1998

Israel

NOMBRE	AÑO
• Ciudad vieja de Acre	2001
• Masada	2001
• Ciudad Blanca de Tel Aviv. El Movimiento Moderno	2003
• Ruta del incienso-Ciudades del desierto del Neguev	2005
• *Tells* bíblicos-Megido, Hazor y Beer Sheba	2005
• Lugares sacros *bahaíes* en Haifa y Galilea Occidental	2008

Parque Nacional de Þingvellir (Islandia)

NOMBRE	AÑO

- Arte rupestre de Val Camónica — 1979
- Centro histórico de Roma, los bienes de la Santa — 1980, 1990
  Sede beneficiarios del derecho de extraterritorialidad
  situados en la ciudad y San Pablo Extramuros
- Iglesia y convento dominico de Santa Maria delle — 1980
  Grazie con *La Cena* de Leonardo da Vinci
- Centro histórico de Florencia — 1982
- Piazza del Duomo en Pisa — 1987
- Venecia y su laguna — 1987
- Centro histórico de San Gimignano — 1990
- Los Sassi y el conjunto de iglesias rupestres de Matera — 1993
- Ciudad de Vicenza y villas de Palladio en el Véneto — 1994, 1996
- Centro histórico de Nápoles — 1995
- Centro histórico de Siena — 1995
- Crespi d'Adda — 1995
- Ferrara, ciudad renacentista, y su delta del Po — 1995, 1999
- Castel del Monte — 1996
- Centro histórico de la ciudad de Pienza — 1996
- Los *trulli* de Alberobello — 1996
- Monumentos paleocristianos de Rávena — 1996
- Catedral, torre cívica y gran plaza de Módena — 1997
- Costa Amalfitana — 1997
- Jardín Botánico (*ortobotánico*) de Padua — 1997
- Palacio Real del siglo XVIII de Caserta con el parque, — 1997
  el acueducto de Vanvitelli y el conjunto de San Leucio
- Portovenere, Cinque Terre y las islas Palmaria, — 1997
  Tino y Tinetto
- Residencias de la Casa Real de Saboya — 1997
- Su Nuraxi de Barumini — 1997
- Villa romana de Casale — 1997
- Zona arqueológica de Agrigento — 1997
- Zonas arqueológicas de Pompeya, Herculano y — 1997
  la Torre Annunziate
- Centro histórico de Urbino — 1998
- Parque Nacional del Cilento y Vallo di Diano, — 1998
  con los sitios arqueológicos de Paestum y Velia
  y la Cartuja de Padula
- Zona arqueológica y basílica patriarcal de Aquilea — 1998
- Villa Adriana Tívoli — 1999
- Asís, la basílica de San Francisco y otros sitios franciscanos — 2000
- Ciudad de Verona — 2000
- Islas Eólicas — 2000
- Villa d'Este Tívoli — 2001
- Ciudades del barroco tardío del Valle de Noto, — 2002
  sudeste de Sicilia
- Sacri Monti del Piamonte y Lombardía — 2003
- Necrópolis etruscas de Cerveteri y Tarquinia — 2004
- Valle del Orcia — 2004
- Siracusa y la necrópolis rupestre de Pantalica — 2005

Canal de Venecia

Mosaicos del mausoleo de Galla Placidia, en Rávena

Sacri Monti del Piamonte

Italia (continuación)

NOMBRE	AÑO

- Génova: las Strade Nuove y el sistema de los Palazzi dei Rolli — 2006
- Ferrocarril rético en el paisaje de los ríos Albula y Bernina — 2008
- Mantua y Sabbionetta — 2008
- Los Dolomitas — 2009

Japón

NOMBRE	AÑO

- Himeji-jo — 1993
- Monumentos budistas de la región de Horyu-ji — 1993
- Shirakami-Sanchi — 1993
- Yakushima — 1993
- Monumentos históricos de la antigua Kyoto (en las ciudades de Kyoto, Uji y Otsu) — 1994
- Aldeas históricas de Shirakawa-go y Gokayama — 1995
- Memorial de la Paz en Hiroshima (Cúpula de Genbaku) — 1996
- Santuario sintoísta de Itsukushima — 1996
- Monumentos históricos de la antigua Nara — 1998
- Santuarios y templos de Nikko — 1999
- Sitios Gusuku y bienes culturales asociados del Reino de las Ryukyu — 2000
- Sitios sagrados y rutas de peregrinación de los Montes Kii — 2004
- Shiretoko — 2005
- Minas de plata de Iwami Ginzan y su paisaje cultural — 2007

Bosque de Yakushima (Japón)

Jerusalén

NOMBRE	AÑO

- Ciudad vieja de Jerusalén y sus murallas — 1981

Jordania, Reino Hachemita de

NOMBRE	AÑO

- Petra — 1985
- Quseir Amra — 1985
- Um er-Rasas (Kastron Mefa'a) — 2004

Pagoda de los templos de Nikko (Japón)

Kazajistán, República de

NOMBRE	AÑO
• Mausoleo de Khoja Ahmad Yasawi	2003
• Petroglifos del paisaje arqueológico de Tamgaly	2004
• Saryarka-Estepa y lagos del Kazajistán Septentrional	2008

Kenia, República de

NOMBRE	AÑO
• Parque nacional / Bosque natural del Monte Kenya	1997
• Parques nacionales del lago Turkana	1997, 2001
• Ciudad vieja de Lamu	2001
• Bosques sagrados y *kayas* de los *mijikenda*	2008

Petroglifos de Tamgaly (Kazajistán)

Kirguisa, República

NOMBRE	AÑO
• Montana Sagrada de Sulaimain Too	2009

Letonia, República de

NOMBRE	AÑO
• Centro histórico de Riga	1997
• Arco geodésico de Struve	2005

Parque Nacional del Lago Turkana (Kenia)

Líbano, República del

NOMBRE	AÑO
• Anjar	1984
• Baalbek	1984
• Biblos	1984
• Tiro	1984
• Valle Santo (Uadi Qadisha) y Bosque de los Cedros de Dios (Horsh Arz Al Rab)	1998

Castillo de los Cruzados en Biblos (Líbano)

Libia, Gran República Árabe, Popular y Socialista

NOMBRE	AÑO
• Sitio arqueológico de Cirene	1982
• Sitio arqueológico de Leptis Magna	1982
• Sitio arqueológico de Sabratha	1982
• Sitio rupestre de Tadrart Acacus	1985
• Ciudad vieja de Ghadames	1986

Lituania, República de

NOMBRE	AÑO
• Centro histórico de Vilna	1994
• Istmo de Curlandia	2000
• Sitio arqueológico de Kernave (Reserva cultural de Kernave)	2004
• Arco geodésico de Struve	2005

Luxemburgo, Gran Ducado de

NOMBRE	AÑO
• Ciudad de Luxemburgo: barrios antiguos y fortificaciones	1994

Región de Ohrid (Macedonia)

Macedonia, República de

NOMBRE	AÑO
• Patrimonio natural y cultural de la región de Ohrid	1979, 1980

Madagascar, República de

NOMBRE	AÑO
• Reserva Natural integral del Tsingy de Bemaraha	1990
• Colina real de Ambohimanga	2001
• Bosques lluviosos de Atsinanana	2007

Malasia, Federación de

NOMBRE	AÑO
• Parque de Kinabalu	2000
• Parque Nacional de Gunung Mulu	2000
• Melaka y George Town, ciudades históricas del Estrecho de Malacca	2008

Malawi, República de

NOMBRE	AÑO
• Parque Nacional del Lago Malawi	1984
• Arte rupestre de Chongoni	2006

Reserva del Tsingy de Bemaraha (Madagascar)

Mali, República de

NOMBRE	AÑO
• Ciudades antiguas de Djenné	1988
• Tombuctú	1988
• Farallones de Bandiagara (País de los Dogones)	1989
• Tumba de los Askia	2004

Malta, República de

NOMBRE	AÑO
• Ciudad de La Valette	1980
• Hipogeo de Hal Saflieni	1980
• Templos megalíticos de Malta	1980, 1992

Marruecos, Reino de

NOMBRE	AÑO
• Medina de Fez	1981
• Medina de Marrakech	1985
• Ksar de Ait Ben Hadu	1987
• Ciudad histórica de Mequinez	1996
• Medina de Tetuán (antigua Titawin)	1997
• Sitio arqueológico de Volubilis	1997
• Medina de Esauira (antigua Mogador)	2001
• Ciudad Portuguesa de Mazagán El Jadida	2004

Mauricio, República de

NOMBRE	AÑO
• Aapravasi Ghat	2006
• Paisaje cultural del Morne	2008

Mauritania, República Islámica de

NOMBRE	AÑO
• Parque Nacional del Banco de Arguin	1989
• Antiguos ksurs de Uadane, Chingueti, Tichit y Ualata	1996

Sitio arqueológico de Volubilis (Marruecos)

Mosaico en Mequinez (Marruecos)

Conchero gigante en el Parque Nacional del Banco de Arguin (Mauritania)

México

NOMBRE	AÑO
• Centro histórico de México y Xochimilco	1987
• Centro histórico de Oaxaca y zona arqueológica de Monte Albán	1987
• Centro histórico de Puebla	1987
• Ciudad prehispánica de Teotihuacán	1987
• Ciudad prehispánica y Parque Nacional de Palenque	1987
• Sian Ka'an	1987
• Ciudad histórica de Guanajuato y minas adyacentes	1988
• Ciudad prehispánica de Chichén-Itzá	1988
• Centro histórico de Morelia	1991
• Ciudad prehispánica de El Tajín	1992
• Centro histórico de Zacatecas	1993
• Pinturas rupestres de la Sierra de San Francisco	1993
• Santuario de ballenas de El Vizcaíno	1993
• Primeros monasterios del siglo XVI en las laderas del Popocatepetl	1994
• Ciudad prehispánica de Uxmal	1996
• Zona de monumentos históricos de Querétaro	1996
• Hospicio Cabañas de Guadalajara	1997
• Zona arqueológica de Paquimé (Casas Grandes)	1998
• Zona de monumentos históricos de Tlacotalpán	1998
• Ciudad histórica fortificada de Campeche	1999
• Zona de monumentos arqueológicos de Xochicalco	1999
• Antigua ciudad maya de Calakmul (Campeche)	2002
• Misiones franciscanas de la Sierra Gorda de Querétaro	2003
• Casa-Taller de Luis Barragán	2004
• Islas y áreas protegidas del Golfo de California	2005
• Paisaje de agaves y antiguas instalaciones industriales de Tequila	2006
• Campus central de la Ciudad Universitaria de la Universidad Nacional Autónoma de México	2007
• Reserva de biosfera de la mariposa monarca	2008
• Villa Protectora de San Miguel el Grande y santuario de Jesús Nazareno de Atotonilco	2008

Catedral de Puebla (México)

Moldavia, República de

NOMBRE	AÑO
• Arco geodésico de Struve	2005

Mongolia

NOMBRE	AÑO
• Cuenca de Ubs Nuur	2003
• Paisaje cultural del valle del Orkhon	2004

Piramide del Adivino, en Uxmal (México)

Montenegro, República de

NOMBRE	AÑO
• Comarca natural, cultural e histórica de Kotor	1979
• Parque Nacional de Durmitor	1980, 2005

Mozambique, República de

NOMBRE	AÑO
• Isla de Mozambique	1991

Parque Nacional de Durmitor (Montenegro)

Namibia, República de

NOMBRE	AÑO
• Twyfelfontein o /Ui-//aes Namibia	2007

Nepal, República Federal Democrática de

NOMBRE	AÑO
• Parque Nacional de Sagarmatha	1979
• Valle de Katmandú	1979
• Parque Nacional de Royal Chitwan	1984
• Lumbini, lugar de nacimiento de Buda	1997

Nicaragua, República de

NOMBRE	AÑO
• Ruinas de León Viejo	2000

Pinturas rupestres en Twyfelfontein (Namibia)

Niger, República del

NOMBRE	AÑO
• Reservas naturales del Air y el Tenéré	1991
• Parque Nacional de la W del Níger	1996

Nigeria, República Federal de

NOMBRE	AÑO
• Paisaje cultural de Sukur	1999
• Bosque Sagrado de Ochún-Oshogbo	2005

Templo en el Bosque Sagrado de Ochún-Oshogbo (Nigeria)

Noruega

NOMBRE	AÑO
• Barrio de Bryggen en Bergen	1979
• *Stavkirke* de Urnes	1979
• Ciudad minera de Røros	1980
• Arte rupestre de Alta	1985
• Vegaøyan-Archipiélago de Vega	2004
• Arco geodésico de Struve	2005
• Fiordos del oeste de Noruega-Geirangerfjord y Nærøyfjord	2005

Barrio de Bryggen, en Bergen (Noruega)

Nueva Zelanda

NOMBRE	AÑO
• Parque Nacional de Tongariro	1990, 1993
• Te Wahipounamu-Zona sudoccidental de Nueva Zelanda	1990
• Islas subantárticas de Nueva Zelanda	1998

Omán, Sultanato de

NOMBRE	AÑO
• Fuerte de Bahla	1987
• Sitios arqueológicos de Bat, Al Khutm y Al Ayn	1988
• Tierra del Incienso	2000
• *Aflajs*, sistemas de irrigación de Omán	2006

Monte Ngauruhoe, en Tongariro (Nueva Zelanda)

Países Bajos

NOMBRE	AÑO
• Schokland y sus alrededores	1995
• Línea de defensa de Ámsterdam	1996
• Red de molinos de Kinderdijk-Elshout	1997
• Zona histórica de Willemstad, centro de la ciudad y puerto (Antillas Holandesas)	1997
• Ir. D.F. Woudagemaal (Estación de bombeo a vapor de D.F. Wouda)	1998
• Droogmakerij de Beemster (*Pólder* de Beemster)	1999
• Rietveld Schröderhuis (Casa Rietveld-Schröder)	2000
• Mar de las Wadden	2009

Puerto de Willemstad (Antillas Holandesas)

Pakistán, República Islámica del

NOMBRE	AÑO
• Ruinas arqueológicas de Mohenjo Daro	1980
• Ruinas búdicas de Takh-i-Bahi y vestigios de Sahr-i-Bahlol	1980
• Taxila	1980
• Fuerte y jardines de Shalamar en Lahore	1981
• Monumentos históricos de Thatta	1981
• Fuerte de Rohtas	1997

Panamá, República de

NOMBRE	AÑO
• Fortificaciones de la costa caribeña de Panamá: Portobelo y San Lorenzo	1980
• Parque Nacional del Darién	1981
• Reservas de la Cordillera de Talamanca-La Amistad / Parque Nacional de la Amistad	1983, 1990
• Sitio arqueológico de Panamá Viejo y distrito histórico de Panamá	1997, 2003
• Parque Nacional de Coiba y su zona especial de protección marina	2005

Buda en el monasterio de Jaulian, en Taxila (Pakistán)

Papúa Nueva Guinea, Estado Independiente de

NOMBRE	AÑO
• Antiguo sitio agrícola de Kuk	2008

Paraguay, República del

NOMBRE	AÑO
• Misiones jesuíticas de la Santísima Trinidad de Paraná	1993

Perú, República del

NOMBRE	AÑO
• Ciudad del Cusco (Cuzco)	1983
• Santuario histórico de Machu Picchu	1983
• Parque Nacional de Huascarán	1985
• Sitio arqueológico de Chavín	1985
• Zona arqueológica de Chan Chan	1986
• Parque Nacional de Manú	1987
• Centro histórico de Lima	1988, 1991
• Parque Nacional del Río Abiseo	1990, 1992
• Líneas y geoglifos de Nazca y Pampas de Jumana	1994

Iglesia de San Francisco de Asís en Lima (Perú)

Perú, República del (continuación)

NOMBRE	AÑO
• Centro histórico de la ciudad de Arequipa	2000
• Ciudad Sagrada de Caral-Supe	2009

Polonia, República de

NOMBRE	AÑO
• Centro histórico de Cracovia	1978
• Minas de sal de Wieliczka	1978
• Auschwitz Birkenau Campo nazi alemán de concentración y exterminio	1979
• Bosque de Belovezhskaya Pushcha / Białowieża	1979, 1992
• Centro histórico de Varsovia	1980
• Ciudad vieja de Zamosc	1992
• Castillo de la Orden Teutónica en Malbork	1997
• Ciudad medieval de Torun	1997
• Kalwaria Zebrzydowska: conjunto arquitectónico manierista y paisajístico y lugar de peregrinación	1999
• Iglesias de la Paz en Jawor y Swidnica	2001
• Iglesias de madera del sur de la Pequeña Polonia	2003
• Parque Muskau / Parque Muzakowski	2004
• Centro del Centenario de Wroclaw	2006

Portugal

NOMBRE	AÑO
• Centro de Angra do Heroismo en las Azores	1983
• Convento de Cristo en Tomar	1983
• Monasterio de Batalha	1983
• Monasterio de los Jerónimos y Torre de Belém (Lisboa)	1983
• Centro histórico de Évora	1986
• Monasterio de Alcobaça	1989
• Paisaje cultural de Cintra	1995
• Centro histórico de Oporto	1996
• Sitios de arte rupestre prehistórico del Valle del Côa	1998
• Bosque de laurisilva de Madeira	1999
• Centro histórico de Guimaraes	2001
• Región vitícola del Alto Duero	2001
• Paisaje vitícola de la Isla del Pico	2004

Relieve esculpido sobre sal, en las minas de Wieliczka (Polonia)

Iglesia de la Paz en Swidnica (Polonia)

Portada de estilo manuelino del Convento de Cristo en Tomar (Portugal)

Reino Unido

NOMBRE	AÑO
• Calzada y Costa del Gigante	1986
• Castillos y recintos fortificados del rey Eduardo I	1986
• Catedral y castillo de Durham	1986
• Garganta de Ironbridge	1986
• Parque de Studley Royal y ruinas de la abadía de Fountains	1986
• San Kilda	1986, 2004, 2005
• Stonehenge, Avebury y sitios anejos	1986
• Ciudad de Bath	1987
• Fronteras del Imperio romano	1987, 2005, 2008
• Palacio de Blenheim	1987
• Palacio y abadía de Westminster e iglesia de Santa Margarita	1987
• Catedral, abadía de San Agustín e iglesia de San Martín en Canterbury	1988
• Isla de Henderson	1988
• Torre de Londres	1988
• Ciudad vieja y ciudad nueva de Edimburgo	1995
• Islas Gough e Inaccesible	1995, 2004
• Greenwich marítimo	1997
• Núcleo neolítico de las Orcadas	1999
• Ciudad histórica de Saint George y fortificaciones anejas (Bermudas)	2000
• Paisaje industrial de Blaenavon	2000
• Fábricas del Valle del Derwent	2001
• Litoral de Dorset y del este de Devon	2001
• New Lanark	2001
• Saltaire	2001
• Reales Jardines Botánicos de Kew	2003
• Liverpool-Puerto marítimo mercantil	2004
• Paisaje minero de Cornualles y del oeste de Devon	2006
• Puente-Canal y Canal de Pontcysyllte	2009

Palacio de Blenheim (Reino Unido)

República Árabe Siria

NOMBRE	AÑO
• Ciudad vieja de Damasco	1979
• Ciudad vieja de Bosra	1980
• Sitio de Palmira	1980
• Ciudad vieja de Alepo	1986
• *Crac* de los Caballeros y Qal'at Salah Al Din	2006

Catedral de Canterbury (Reino Unido)

República Centroafricana

NOMBRE	AÑO
• Parque Nacional del Manovo-Gounda St.Floris	1988

República Checa

NOMBRE	AÑO
• Centro histórico de Ceský Krumlov	1992
• Centro histórico de Praga	1992
• Centro histórico de Telc	1992
• Iglesia de San Juan Nepomuceno, lugar de peregrinación en Zelená Hora	1994
• Kutná Hora: centro histórico de la ciudad, iglesia de Santa Bárbara y catedral de Nuestra Señora de Sedlec	1995
• Paisaje cultural de Lednice-Valtice	1996
• Jardines y castillo de Kromeríz	1998
• Reserva de la aldea histórica de Holašovice	1998
• Palacio de Litomyšl	1999
• Columna de la Santísima Trinidad en Olomouc	2000
• Villa Tugendhat en Brno	2001
• Barrio Judío y basílica de San Procopio de Trebíc	2003

Barrio judío y Basílica San Procopio (República Checa)

República de Corea

NOMBRE	AÑO
• Gruta de Seokguram y templo de Bulguksa	1995
• Santuario de Jongmyo	1995
• Templo de Haeinsa y Janggyeong Panjeon, depósitos de tabletas de la Tripitaka Coreana	1995
• Conjunto del Palacio de Changdeokgung	1997
• Fortaleza de Hwaesong	1997
• Sitios de dólmenes de Gochang, Hwasun y Ganghwa	2000
• Zonas históricas de Gyeongju	2000
• Paisaje volcánico y túneles de lava de la Isla de Jeju	2007
• Tumbas reales de la dinastía Joseon	2009

Palacio de Changdeokgung (Corea del Sur)

República Democrática del Congo

NOMBRE	AÑO
• Parque Nacional de Virunga	1979
• Parque Nacional de Kahuzi-Biega	1980
• Parque Nacional de Garamba	1980
• Parque Nacional Salonga	1984
• Reserva de Fauna de Okapis	1996

República Democrática Popular Lao (Laos)

NOMBRE	AÑO
• Ciudad de Luang Prabang	1995
• Vat Phu y antiguos poblamientos anejos del paisaje cultural de Champasak	2001

Templo en Luang Prabang (Laos)

República Dominicana

NOMBRE	AÑO
• Ciudad colonial de Santo Domingo	1990

República Popular Democrática de Corea

NOMBRE	AÑO
• Conjunto de tumbas de Koguryo	2004

República Unida de Tanzania

NOMBRE	AÑO
• Zona de conservación de Ngorongoro	1979
• Ruinas de Kilwa Kisiwani y Songo Mnara	1981
• Parque Nacional de Serengeti	1981
• Reserva de Caza de Selous	1982
• Parque Nacional del Kilimanjaro	1987
• Ciudad de Piedra de Zanzíbar	2000
• Sitios de arte rupestre de Kondoa	2006

Tumba del rey Tonqmyong, en Koguryo
(Corea del Norte)

Rumania

NOMBRE	AÑO
• Delta del Danubio	1991
• Aldeas con iglesias fortificadas de Transilvania	1993, 1999
• Iglesias de Moldavia	1993
• Monasterio de Horezu	1993
• Centro histórico de Sighisoara	1999
• Fortalezas dacias de los Montes de Orastia	1999
• Iglesias de madera de Maramures	1999

San Cristóbal y Nieves

NOMBRE	AÑO
• Parque Nacional de la Fortaleza de Brimstone Hill	1999

San Marino

NOMBRE	AÑO
• Centro histórico de San Marino y Monte Titano	2008

Torre del Reloj, en Sighisoara (Rumania)

Santa Lucía

NOMBRE	AÑO
• Zona de Gestión de Los Pitones	2004

Santa Sede

NOMBRE	AÑO
• Centro histórico de Roma, los bienes de la Santa Sede beneficiarios del derecho de extraterritorialidad situados en la ciudad y San Pablo Extramuros	1980, 1990
• Ciudad del Vaticano	1984

Zona de gestión de Los Pitones (Santa Lucía)

Senegal

NOMBRE	AÑO
• Isla de Gorea	1978
• Parque Nacional de Niokolo-Koba	1981
• Santuario Nacional de Aves de Djudj	1981
• Isla de San Luis	2000, 2007
• Círculos Megalíticos de Senegambia	2006

Serbia

NOMBRE	AÑO
• Stari Ras y Sopocani	1979
• Monasterio de Studenica	1986
• Monumentos medievales de Kosovo	2004, 2006
• Gamzigrado-Romuliana-Palacio de Galerio	2007

Fresco del Monasterio de Studenica (Serbia)

Seychelles

NOMBRE	AÑO
• Atolón de Aldabra	1982
• Reserva Natural del Valle de Mai	1983

Villa romana Felix Romuliana, en Gamzigrado (Serbia)

Sri Lanka

NOMBRE	AÑO
• Antigua ciudad de Polonnaruwa	1982
• Antigua ciudad de Sigiriya	1982
• Ciudad Santa de Anuradhapura	1982
• Ciudad Sagrada de Kandy	1988
• Ciudad vieja de Galle y sus fortificaciones	1988
• Reserva forestal de Sinharaja	1988
• Templo de Oro de Dambulla	1991

Sudáfrica

NOMBRE	AÑO
• Parque del humedal de iSimangaliso	1999
• Robben Island	1999
• Sitios de homínidos fósiles de Sterkfontein, Swartkrans, Kromdraai y sus alrededores	1999, 2005
• uKhahlamba-Parque de Drakensberg	2000
• Paisaje cultural de Mapungubwe	2003
• Zonas protegidas de la región floral de El Cabo	2004
• Bóveda de Vredefort	2005
• Paisaje cultural y botánico de Richtersveld	2007

Ciudad santa de Anuradhapura (Sri Lanka)

Paisaje cultural de Mapungubwe (Sudáfrica)

Sudán

NOMBRE	AÑO
• Gebel Barkal y sitios de la región napatea	2003

Suecia

NOMBRE	AÑO
• Real Sitio de Drottningholm	1991
• Birka y Hovgården	1993
• Forjas de Engelsberg	1993
• Grabados rupestres de Tanum	1994
• Skogskyrkogården	1994
• Ciudad hanseática de Visby	1995
• Aldea-iglesia de Gammelstad Luleå	1996
• Región de Laponia	1996
• Puerto naval de Karlskrona	1998
• Costa Alta / Archipiélago Kvarken	2000, 2006
• Paisaje agrícola del sur de Öland	2000
• Zona de explotación minera de la Gran Montaña de Cobre de Falun	2001
• Emisora de Radio Varberg	2004
• Arco geodésico de Struve	2005

Forjas de Engelsberg (Suecia)

Suiza

NOMBRE	AÑO
• Ciudad vieja de Berna	1983
• Convento benedictino de Saint-Jean-des-Soeurs en Müstair	1983
• Convento de Saint Gall	1983
• Tres castillos, murallas y defensas del burgo de Bellinzona	2000
• Alpes suizos Jungfrau-Aletsch	2001, 2007
• Monte San Giorgio	2003
• Viñedos en terraza de Lavaux	2007

Surinam

NOMBRE	AÑO
• Reserva Natural de Surinam Central	2000
• Centro histórico de Paramaribo	2002

Castillos de Montebello y Sasso Corbaro, en Bellinzona (Suiza)

Tailandia

NOMBRE	AÑO
• Ciudad histórica de Ayutthaya	1991
• Ciudad histórica de Sukhothai y sus ciudades históricas asociadas	1991
• Santuarios de Fauna de Thung Yai-Huai Kha Khaeng	1991
• Sitio arqueológico de Ban Chiang	1992
• Complejo forestal de Dong Phayayen-Khao Yai	2005

Ciudad histórica de Sukhothai (Tailandia)

Togo

NOMBRE	AÑO
• Kutammaku-País de los Batammariba	2004

Túnez

NOMBRE	AÑO
• Anfiteatro de El Jem	1979
• Medina de Túnez	1979
• Sitio arqueológico de Cartago	1979
• Parque Nacional de Ichkeul	1980
• Ciudad púnica de Kerkuán y su necrópolis	1985, 1986
• Keruán	1988
• Medina de Susa	1988
• Duga / Thuga	1997

Turkmenistán

NOMBRE	AÑO
• Parque Nacional Histórico y Cultural de la Antigua Merv	1999
• Kunya-Urgench	2005
• Fortalezas partas de Nisa	2007

Turquía

NOMBRE	AÑO
• Gran Mezquita y hospital de Divrigi	1985
• Parque Nacional de Göreme y sitios rupestres de Capadocia	1985
• Zonas históricas de Estambul	1985
• Hatusa, la capital hitita	1986
• Nemrut Dag	1987
• Hierápolis-Pamukkale	1988
• Xanthos-Letoon	1988
• Ciudad de Safranbolu	1994
• Sitio arqueológico de Troya	1998

País de los Batammariba (Togo)

Mausoleo de Turabek Hanym, en Kunya (Tukmenistán)

Paredes de caliza en la Hierápolis de Pamukkale (Turquía)

Ucrania

NOMBRE	AÑO
• Kiev: catedral de Santa Sofía, conjunto de edificios monásticos y *laura* de Kievo-Petchersk	1990
• Lvov-Conjunto del centro histórico	1998
• Arco geodésico de Struve	2005
• Bosques primarios de hayas de los Cárpatos	2007

Uganda

NOMBRE	AÑO
• Bosque Impenetrable de Bwindi	1994
• Parque Nacional de los Montes Rwenzori	1994
• Tumbas de los reyes de Buganda en Kasubi	2001

Tumbas de los reyes de Buganda (Uganda)

Uruguay

NOMBRE	AÑO
• Barrio histórico de la ciudad de Colonia del Sacramento	1995

Uzbekistán

NOMBRE	AÑO
• Itchan Kala	1990
• Centro histórico de Bujara	1993
• Centro histórico de Shakhrisyabz	2000
• Samarcanda. Encrucijada de culturas	2001

Vanuatu

NOMBRE	AÑO
• Dominios del jefe Roi Mata	2008

Itchan Kala (Uzbekistán)

Samarcanda (Uzbekistán)

Venezuela, República Bolivariana de

NOMBRE	AÑO
• Coro y su puerto	1993
• Parque Nacional de Canaima	1994
• Ciudad Universitaria de Caracas	2000

Vietnam

NOMBRE	AÑO
• Conjunto de monumentos de Huê	1993
• Bahía de Ha Long	1994, 2000
• Ciudad vieja de Hoi An	1999
• Santuario de My Son	1999
• Parque Nacional de Phong Nha-Ke Bang	2003

Yemen

NOMBRE	AÑO
• Ciudad vieja amurallada de Shibam	1982
• Ciudad vieja de Sana'a	1986
• Ciudad histórica de Zabid	1993
• Archipiélago de Socotra	2008

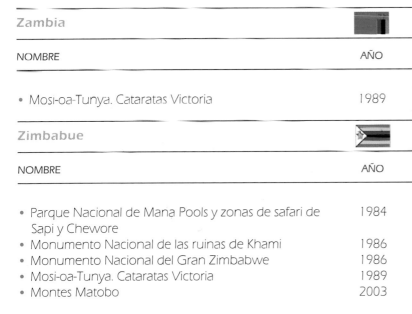

Parque Nacional de Canaima (Venezuela)

Zambia

NOMBRE	AÑO
• Mosi-oa-Tunya. Cataratas Victoria	1989

Zimbabue

NOMBRE	AÑO
• Parque Nacional de Mana Pools y zonas de safari de Sapi y Chewore	1984
• Monumento Nacional de las ruinas de Khami	1986
• Monumento Nacional del Gran Zimbabwe	1986
• Mosi-oa-Tunya. Cataratas Victoria	1989
• Montes Matobo	2003

Cataratas Victoria (Zimbabue)

Alhambra de Granada (España)

Dirección editorial
M.ª Jesús Díaz

Coordinación editorial
Natalia Hernández

Textos
La realización de los textos ha sido desarrollada por el equipo de redacción de LYBRYX SERVICIOS EDITORIALES en colaboración con diferentes organismos de turismo de consulados y embajadas en España de los países que se citan más abajo.

Corrección
David Busto / Equipo Servilibro

Diseño y realización
Lybryx

Tratamiento de imágenes
José de Haro

Preimpresión
Juan Carlos Sánchez

Fotografías y agradecimientos
Agradecemos su colaboración a los gabinetes de prensa y servicios de cultura y turismo de las embajadas y consulados de los países de: Afganistan, Albania, Alemania, Andorra, Arabia Saudita, Argelia, Argentina, Armenia, Australia, Austria, Azerbaiyán, Bahrein, Bangladesh, Belarrús, Bélgica, Belice, Benin, Bolivia, Bosnia y Herzegovina, Botswana, Brasil, Bulgaria, Burkina Faso, Cabo Verde, Camboya, Camerún, Canadá, Chile, China, Chipre, Colombia, Costa Rica, Croacia, Cuba, Dinamarca, Dominica, Ecuador, Egipto, El Salvador, Eslovaquia, Eslovenia, España, Estados Unidos de América, Estonia, Etiopía, Federación de Rusia, Filipinas, Finlandia, Francia, Gabón, Gambia, Georgia, Ghana, Grecia, Guatemala, Guinea, Haití, Honduras, Hungría, India, Indonesia, República Islámica del Irán, Iraq, Irlanda, Islandia, Islas Salomón, Israel, Italia, Libia, Japón, Jerusalem, Jordania, Kazajstán, Kenya, Kirguistan, Letonia, Líbano, Lituania, Luxemburgo, Madagascar, Malasia, Malawi, Malí, Malta, Marruecos, Mauricio, Mauritania, Méjico, Moldavia, Mongolia, Montenegro, Mozambique, Namibia, Nepal, Nicaragua, Niger, Nigeria, Noruega, Nueva Zelanda, Omán, Países Bajos, Pakistán, Panamá, Papua Nueva Guinea, Paraguay, Perú, Polonia, Portugal, Reino Unido, República Arabe Siria, República Centroafricana, República Checa, República de Corea, República Democrática del Congo, República Democrática Popular Lao, República Dominicana, República Popular Democrática de Corea, República Unida de Tanzania, Rumanía, San Marino, Santa Lucía, Santa Sede, Senegal, Serbia, Seychelles, Sudáfrica, Sudán, Suecia, Suiza, Suriname, Tailandia, Togo, Túnez, Turkmenistán, Turquía, Ucrania, Uganda, Uruguay, Urbekistan, Vanuatu, República Bolivariana de Venezuela, Vietnam, Yemen, Zambia, Zimbabwe.

Principales archivos utilizados:
Thinkstock Photo
Archivo PhotoLybryx
Creative Commons - GNU Free Documentation License (http://creativecommons.org) y en todos sus tipos de licencia en los que se cita a sus autores.

Otros autores, en sus respectivas fotografías: BrokenSphere, Ad Meskens, Aeruginosa, Albertistvan, Alexandre Buisse, Anthony M., Astolath, Bobo11, Brian, Calle v H, Cloj, Doron, Fabrizio Morroia, Bologna, FaceMePLS, Fran Devinney f, Francisco83pv, G36, Gregory Zeier, Guenter Wieschendahl, Haroldarmitage, Heinz-Josef Lücking, Jason and Alison, Jaume Meneses, Jhonsys, Josep Renalias, Julien Demade, Kai Hendry, Karl.Mustermann, Lacihobo, Leyo, Maleika2006, Mappo, Mariusz Pacdziora, Mentifisto, Nasir Khan Saikat, NileGuide.com, Norbert Aepli, Switzerland, Not Not Phil, Nurho, Ohcanadagail, Gail J. Cohen, Oskila, Pattrön, Philip Kromer, Poco a poco, Plemysl otakar, Ramón, Russell John, Tibushi, Tilman2007, Tommorphy, Tony Jose Araujo, WernerRehm, William Warby, Wojsyl, Yangar, Berthold Werner, Tristan Nitot, (Aleph), M_H.DE, Tobi 87, Paolo Picciati, Thomas Wolf (Der Wolf im Wald), Raimond Spekking, Yoce, Anna Stryjewska, Leonard G., Martin St-Amant, Thomas Binderhofer, Georges Jansoone, Marnick, joiseyshowaa, Wolfgang Staudt, Jean-Christophe Benoist, Jean-Pol Grandmont, Mhwater, Claire Pouteau, Ramirez. BáthoryPéter, Marc Davis, xenïa antunes, Mario Roberto Duran Ortiz, ACrush, El floz, Jeroen Kransen, Serinde. Bigg(g)er, Layinlow, Bobak Ha'Eri, John Talbot, Paweł Drozd, Maros Mraz, Gisling, Azurfrog, Michael, AaronLee, Norma Gòmez, Martin St-Amant, J. Rawls, Manuel Antonio, Jorge Antonio Leoni de León, Łukasz Bolikowski, YregYorulis, Jerzy Strzelecki, Alex van Poppelen, Glogg, Peter, Alex van Poppelen, Brian Snelson, Väsk, Ikiwaner, Reinhard Jahn, Rémih, BrianFR, Christian Rosenbaum, Hedwig Storch, Petr Kratochvil, Pierre Bona, Peter Zelizák, Roland Geider, Nic McPhee, Hans Bernhard, Zarateman, FAR, Bernard Gagnon, Tato Grasso, Bernard Gagnon, Jorge González González, Aloriel, Ecelan, Jose Luis Martinez Alvarez, Ealdgyth, Mila Zinkova, Daniel Schwen, Zigomar, Hulivili, Jialiang Gao (www.peace-on-earth.org), Panther, Andrew Bossi; Evgeny Gerashchenko, Julius, Amorozov77, Michal Pise, emilieinlatvia.wordpress.com, Lubosz, Semnoz, Giraud Patrick, Filip, Thesupermat, Tristan Nitot, Madhurantakam, Ggia, Dido3, Fingalo, Michalis Famelis; Thodoris Lakiotis, Meharidas, Ricardo Liberato, TALKE Photography, Zee Prime, Adam Carr, Chris Fleming, Bazylek100, Olegivvit., Luca Galuzzi, Raymond Ostertag; AngMoKio, J. A. Knudsen, Núria Pueyo, Bernard Gagnon, Ilya Mauter, Gunawan Kartapranata, Dohduhdah, Hansueli Krapf, Arad Mojtahedi, Martine Thouvenin-Desfontaines, Devek, Berthold Werner, Georges Jansoone, Casey Muller, Andreas Tille, Giovanni, David Gunn, 663highland, AllyUnionm, Berthold Wernerm, Tom Neys, Jan Mehlich, Wojsyl, Jean-Noël Lafarguem, Olivier Lejade, Vmenkovm Gryffindorm, Marcin Sochacki, Lionel Leo, Jackhynes, Jacob Rus, Cocojorgefalcon, Daniel Schwen, Marco Soave, Luca Galuzzi, Ondej Žvá ek, Indiver Badal, Michael David Hill, Simo Räsänen, Christian Mehlführer, Lucas Hirschegger, Ali Imran, Martin St-Amant, Valentin Ramirez, Håkan Svensson, Jan Mehlich, Jakub Hałunm, Jan Jerszyski, Jan Mehlich, Waugsberg, Raph, Georges Jansoone, Paula Santos, Code Poet, Quentin Michon, Lokal Profil, Aotearoa, Yvonnefm, Estec Co.Ltd, Jozef Kotuli, Calle v H, William Warby, Radu Ana Maria, Marcin Szala, A Dombrowski, Laurent Drouet, Maedin Tureaud, Lankapic, BishkekRocks, Wing-Chi Poon, PlusMinus, Bernard Gagnon, Maria Chaykina, Dezidor, Stanislav Kozlovskiy, Rundvald, Sebastianus, RedMaestro, Thomas Binderhofer, Wolf Meusel, Jean-Pol Grandmont, Francesco Gasparetti, Simon Burchell, Eusebius, Thomas Schoch, Hans Musil.

© SERVILIBRO EDICIONES, S.A. - Obra colectiva
C/ Campezo, 13 - 28022 Madrid
Tel.: 91 3009100 - Fax: 91 3009118
general.servilibro@susaeta.com